羽毛球

苗培培 编著

吉林文史出版社

图书在版编目（CIP）数据

羽毛球 / 苗培培编著. -- 长春：吉林文史出版社，2013.9（2023.6重印）

ISBN 978-7-5472-1716-0

Ⅰ. ①羽… Ⅱ. ①苗… Ⅲ. ①羽毛球运动 – 基本知识 Ⅳ. ①G847

中国版本图书馆CIP数据核字(2013)第225537号

羽毛球

YUMAOQIU

出 版 人　张　强
主　　编　南来寒
编　　著　苗培培
责任编辑　王　新
封面设计　袁　野
出版发行　吉林文史出版社
地　　址　长春市福祉大路5788号
网　　址　www.jlws.com.cn
开　　本　720mm × 1000mm　1/16
印　　张　12
字　　数　100千
印　　刷　天津市天玺印务有限公司
版　　次　2014年1月第1版　2023年6月第5次印刷
书　　号　ISBN 978-7-5472-1716-0
定　　价　59.80元

编委会

主　编：南来寒

副主编：于　涉　张雪霜　王　非

编　委：王　尧　李昭知　沈海然

郑榕玲　暴丽娜

内容简介

羽毛球是一种广为人们所喜爱的运动，早在两千多年前，一种类似羽毛球的运动游戏就在中国、印度等国出现。中国叫打手毽，印度叫普那，西欧等国则叫作毽子板球。现代羽毛球运动诞生在英国。1873 年，英国格拉斯哥郡的伯明顿镇有一位叫鲍弗特的公爵在他的领地开游园会，有几个从印度回来的退役军官就向大家介绍了一种隔网用拍子来回击打毽球的游戏，这就是现代羽毛球的原型。此后羽毛球获得了快速的发展，成为目前世界体育重要的项目之一。

本书从羽毛球的起源与发展、羽毛球的技术动作解读、羽毛球主要赛事、羽毛球的比赛及裁判规则等几个部分入手，打破教科书式的枯燥解读，通过发散思维，用一种较为轻快的写作手法，让读者在一种轻松的氛围中，对羽毛球有个更好的了解。

羽毛球大盘点

- 羽毛球与中国的渊源？
- 玩转羽毛球，你准备好
- 羽毛球的技术知多少？
- 羽毛球的重要赛事，你
- 这样打羽毛球，安全吗

目录

第一章　羽毛球基本知识篇

第二章　羽毛球的基础技术指导篇

第三章　羽毛球战术篇

第四章　羽毛球运动提醒篇

第五章　羽毛球控——那些你不知道的精彩

第一章

羽毛球基本知识篇

何为羽毛球

❖ 羽毛球运动的起源

据已知的资料显示，羽毛球运动最初开始出现在日本，然后是印度等地，但其真正诞生地是在英国。

据记载，在14世纪到15世纪，日本出现了由樱桃核制成的羽毛球，就是在樱桃核上插上羽毛，球拍并不像现在用的带网状的拍子，而是木制的结构。球在木板之间来回击打，这就是最早的类似于羽毛球运动的游戏。由于球的底部是用樱桃制成的，球托显得过重，在击球时，飞行的速度太快，而球拍又没有弹性，所以球的羽毛损坏得非常快，又因为球的造价非常高，所以这种游戏过了不久就消失了。

大约在19世纪中叶，印度的普那城里出现了一种与早年日本的羽毛球运动极其相似的运动。它是将圆形的硬纸板中间

钻个孔，插上羽毛做成类似于中国的毽子的球，也有的用绒线编织成球形，然后再插上羽毛，这也成了球，相比较最早出现在日本的樱桃核制成的球，这种球已经有很大的进步了，其耐久度更好，使用木拍击打球也更方便一些。这项活动在英国驻印度的军队里比较盛行。

大约在19世纪60年代，驻扎在印度的英国人回国时带回了印度普那的羽毛球运动，在英国逐渐传开，后来发展成一种竞技性运动。在1873年，英国伯明顿镇的鲍弗特公爵在他的

庄园举行了一场聚会，原本在聚会时准备进行户外活动，但由于天气原因，不得不改成室内活动。在来参加聚会的人中，有曾驻扎在印度的士兵，他们建议进行普那游戏，他们在场地中牵一根绳子来代替球网，然后对人员进行分工，两个人对打，

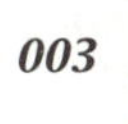

大家玩得非常愉快。不久之后，此项运动就逐渐在英国传开，羽毛球运动从此诞生。不过此时羽毛球运动没有明确的规则，也没有人数、场地、器材、分数等限定。

❖ 羽毛球运动的发展

现代羽毛球发展至今，已经有 100 多年的历史了，羽毛球诞生的初期，也仅限于在欧美地区流行，后来随着各国之间经济的交流，羽毛球运动开始转入世界各地。而世界上最早的羽毛球协会——英国羽毛球协会在 1893 年成立，并且在 1899 年，还举办了第一届全英羽毛球锦标赛，从此以后，每一年都会举办一次。

羽毛球运动最先出现在欧美地区，所以羽毛球运动发展较迅速的地区也在欧美。1977 年，世界羽毛球锦标赛开始举办。因为欧美地区羽毛球运动的发展，所以在锦标赛的前十几年里，冠军一直被欧美国家垄断。直到 20 世纪 40 年代末，马来西亚的羽毛球运动员在比赛中夺冠，从此，由欧美垄断的羽毛球运动开始走向世界。

❖ 羽毛球规则的变化

在羽毛球刚刚兴起时，没有人数、场地和分数的限制，参加运动的人只需要相互击打羽毛球就可以。1875 年，英国出版了第一本世界上关于羽毛球规则方面的书。对于当时的运动规则，只规定了场地的形状、球网的高度、双发对击的要求，但其中并没有提出单打和双打的区别。

随着羽毛球运动在人们生活中的普及和羽毛球运动的发展需要，开始出现了单打和双打方面的规则，而且也出现了发球区、分数计算和交换区等规则。

另一方面，羽毛球运动的器材也

逐渐从低级向高级进行改变。用球从开始的硬纸板和绒线团到木托用皮包起来，发展到在软木托口上插上 14 到 16 根高级羽毛。羽毛球拍从木板发展为可以在木拍上穿弦的木球拍，直至后来的钢管拍、铝合金拍、碳素纤维拍。

羽毛球的特点与价值

❖ 羽毛球运动的特点

羽毛球运动之所以受大众的欢迎，大部分在于它的健身性。随着生活水平的提高，人们开始关注自身健康的发展，而羽毛球作为一种方便、简易的运动深受男女老少的喜爱。

羽毛球运动是一种全身运动

羽毛球运动对呼吸系统机能有深刻的影响。人在活动中，呼吸会加快，这是因为参加羽毛球运动时，人体对氧的需求量会加大，呼吸频率加快，为了适应这一要求，呼吸系统就会使身体的各个器官工作能力提高，使得身体内部的呼吸肌逐渐发达有力，并且耐久性提高，能

够承受很大的运动量。长时间参加羽毛球运动会明显增强肺活量，因为在运动时，深呼吸会使胸腔扩大，进而增加肺活量，这样吸进的氧气和排出的二氧化碳就会随之增多。

羽毛球运动会对血液循环系统机能产生影响。在进行羽毛

球活动时，会加快血液循环，同时也会提高心血管系统的机能。经常从事羽毛球运动的人，心血管系统机能会得到明显的提高，使心肌变得肥厚，同时也会出现心动徐缓和血压降低的情况。

羽毛球运动会使人的肌肉发达，反应速度变快，身体的柔韧度增强。参加羽毛球运动时，血液供给增加，蛋白质等营养物质的吸收和存储能力增加，肌纤维增粗，使肌肉逐渐变得粗

壮结实，肌肉的力量也会随之增强。在羽毛球运动中，不断地进行击球、接球等其他技能时，需要很快的反应能力，因此，长时间锻炼羽毛球的人反应就会比较灵敏快速。不断地活动使得关节间的肌腱和韧带的柔韧度逐渐增强，使人们在活动过程中可以更好地坚持下去。

作为一种健身运动，进行羽毛球运动时，要在场地内不断地进行奔跑、跳跃、移动、挥拍、弯腰等动作，使得上臂、下肢、腰腹等都在不断运动，这就在不知不觉中完成了全身运动。

羽毛球运动是一种全民运动

羽毛球运动不受场地的限制，只要有两个球拍、一个羽毛球和一个绳索就可以，有时为了方便，绳索也可以改成在地上

画线做分界线来完成此次活动。而在正规的比赛中，场地的面积要求也仅需要 65 ～ 80 平方米。规定为长方形，长 13.4 米，单打场地宽 5.18 米，双打场地宽 6.10 米，平时运动时，也仅

仅找一块平整的空地就可以了，所以非常方便。另外，羽毛球运动是室内外均可的运动，当天气不好或其他原因时，可以在室内进行活动，而在无风无雨的情况下可以在户外进行活动，呼吸新鲜的空气，接受阳光的照耀，感受大自然的美，在运动中体验快乐。

羽毛球运动不受年龄、性别的限制。羽毛球的运动量小，且安全性高，老少皆宜。年轻人打羽毛球，可以利用自己年轻的优势，使用不同的打球技巧，在场地上尽情地奔跑、跳跃、挥拍等。而老年人可以在打羽毛球时轻轻地挥拍，根据自己的体力和身体情况来变换击球的速度，这样既可以达到娱乐的效果，又可以锻炼身体、延年益寿。不同年龄与性别的人在打羽毛球时，都能在其中找到乐趣。

羽毛球运动集体、个人都可以参加。在羽毛球运动的战术中，有单打、双打等。单打对练时，要求两个人分别在网的两边进行练习，在规定区域和

规则中，练习的人可以打出不同的球，也可以运用不同的战术。而在双打中，双方可以利用与自己和搭档之间的默契打出漂亮的球，两个人之间的默契在双打中非常重要，因此练习双打可以提高自己的团队意识和团结能力。

羽毛球运动可以调节心理健康

羽毛球运动具有直观的特点，它要求训练者在训练时综合运用人的各种感官，通过视觉、听觉来感知动作的形象，通过触觉和肌肉本能的感觉来感知动作的要领、肌肉用力的程度，以及动作过程中的时间与空间的关系等，从而建立完整、正确的动作表象。因此，在这个过程中，训练者的感知能力、观察力以及形象记忆、动作记忆能力等均得到了发展和提高。而且，人们在生活中难免会遇到一些压力或困难，在进行羽毛球运动时，人的注意力就会被转移，使身心放松，这也就达到了锻炼的效果。

另外，羽毛球运动还能促进情商和意志力的发展。在羽毛

球运动中，必然会遇到胜利或失败，情绪也会有所起伏，当落后于其他人时，会急着想赶上，当领先他人时，又会担心他人追上。在各种心态的交织下，如果处理不好就会达不到训练的效果，所以在运动时调整好自己的心态，用情感的动力去调节自己，控制情绪，这样就会达到很好的锻炼效果，同时也培养了人的情商。由于锻炼过程中会出现体力下降或受伤的情况，在允许的范围里，坚持一下也许比赛的结果就会改变，而这个时候就需要人的意志力了，意志力强大的人，不管是在运动中还是在生活中，都会变得很强大。

❖ 羽毛球运动的价值

锻炼性

羽毛球运动作为一种体育运动，具有的锻炼性是无可厚非

的。羽毛球运动可以增强人的体质，增强身体机能。在前场、后场中快速击球，有时还要跳跃起来进行扣杀球和高球，还有抽球等技术，在不同情况下运用不同的技术进行活动，就会在不断的运动中舒展筋骨。而且羽毛球在不同的打法中会出现在不同的方位，这就给运动员增加了难度，也因此达到了锻炼的效果，使得运动员的反应能力、速度、灵敏度和力量等得到较好的发展。经常进行羽毛球运动的人，上下肢和躯干的活动能

力会优于较少运动的人，反应能力也会更强一些。

羽毛球运动还能培养人的意志力。在运动中，难免会出现体力不支、身体不舒服等情况，而往往在竞赛类的运动中，坚持是非常重要的，所以在出现不适时，往往只需要坚持那么一会，结果就会出现很大的差别。就是在不比赛时，在活动中坚持也可以锻炼人的意志力和忍耐力。

参加羽毛球运动还能陶冶心情。在运动中，只凭借着力气是不能够取得胜利的，还要求运动员具有超强的思维能力和反应能力，揣摩对方的战术和打法，因此经常进行此运动锻炼的人思维比较敏捷。同时，在比赛中，比赛的激烈程度、结果的好坏都在一定程度上锻炼人的接受能力和心理承受能力。

娱乐性

羽毛球不仅仅是一种体育活动，更是一种娱乐活动，而且往往羽毛球运动的娱乐性更多一些。因为羽毛球运动是全民健身运动，没有年龄、性别、场地的限制，所以非常多的人都很喜欢。更因为羽毛球运动量小，且难度大，一般被人当作娱乐性游戏来进行。在和对手进行对打时，一个高难度的球被自已

接到，这种喜悦是不言而喻的。另外，在打羽毛球时，由于球路不一样，运动员不会在一个地方站着，所以不同的身体姿势就出现了，有的运动员打球时会给人很美的视觉感受，使人心情愉快。

羽毛球运动器材的选择

❖ 场地的选择

羽毛球作为健身运动，基本的要求是一片平整的空地。如

果是比赛，就需要对场地提出更高的要求了。按照国际羽毛球比赛规定，整个羽毛球场的净空高度至少为9米，在这个高度内，不能出现障碍物。白线以内包含白线的区域称为球场，白线至界限区域为外球场，界限以外的设施称为附属设施。一般场地里的线为白色、黄色或其他容易被人分辨出的颜色。

羽毛球场地为长方形，占地面积在60～80平方米，又因为单打和双打有不同的宽度，单打的场地宽为5.18米，而双打的场地宽为6.10米，不论是单打还是双打，场地长均为13.40米，一般

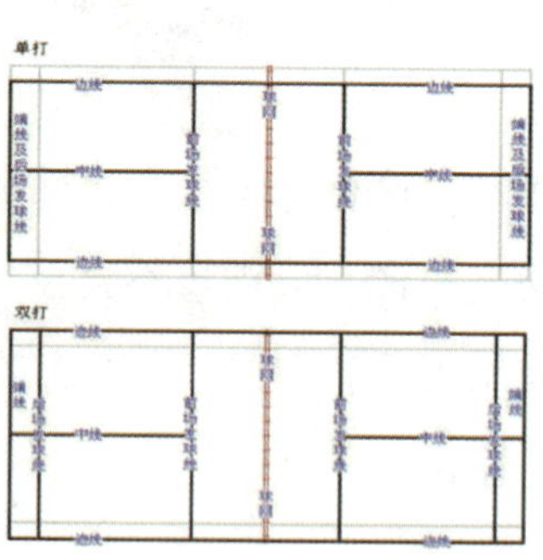

场地外边两条线为双打场地边线，里面的两条边线为单打场地边线，而在并列场地之间，要有 2 米以上的距离。

一般室内场地的要求更多一点，比如，要规定用什么材质的地板、采用什么样的灯光等。一般采用富有弹性的塑胶运动地板，因为塑胶地板不会太滑，也不会太黏，而且经济实惠。而灯光则采用较柔和的，这样不会太刺眼，以免干扰视线。

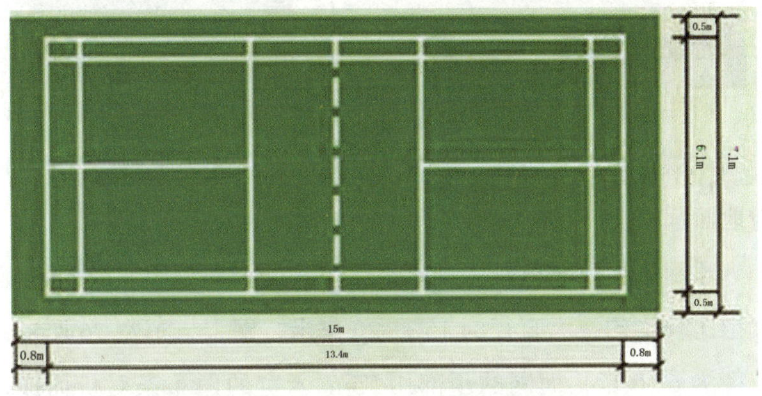

❖ 网柱和球网的选择

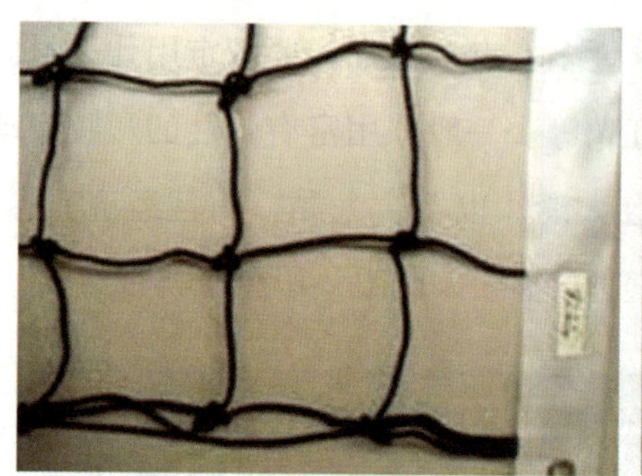
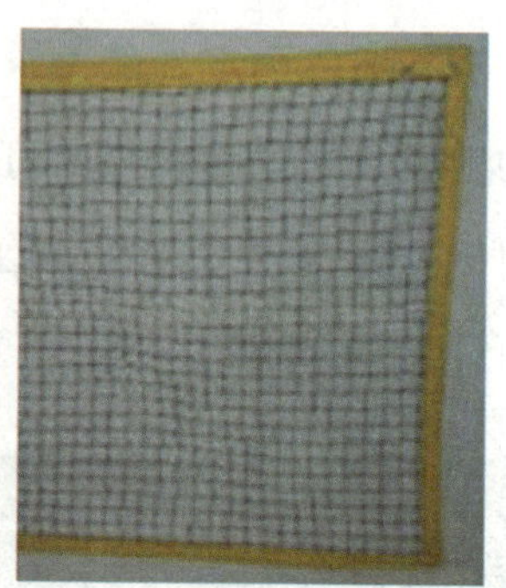

网柱应选用不易折断并且能够拉紧球网的材料，并按照规定放在双打线上，而且，规则规定网柱的高度为1.55米，并且与地面垂直。

球网一般由颜色较深且质量比较好的细绳编织而成，网孔大小比较均匀，大直径为15～20毫米，网上、下宽76厘米，长度为6.10米，而网的顶部用75毫米宽的白布条对折而成，用绳子从夹层穿过去，适当拉紧绳子，使得球网中央高1.524米，双打边线处高1.55米，球网的两端必须与网柱系紧。

❖ 羽毛球球拍的选择

羽毛球球拍一般由拍头、拍杆、拍弦面、拍柄及与拍杆的接头构成。球拍总长度不超过680毫米，宽不超过230毫米。拍弦面主要是运动员用于击球的部分，拍弦面是平的，是用拍弦穿过框架十字交叉或其他编织形式编织而成的。球拍的形状一般分为两种，一种是传统的圆形，另一种是头部为方形的

ISO 拍形。

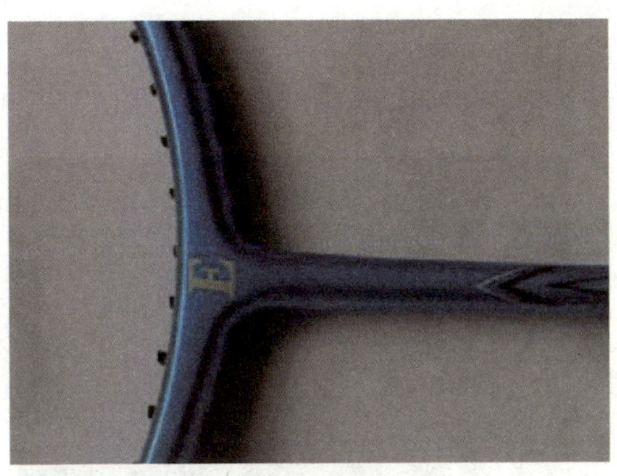

球拍甜区是指球拍面的最佳击球区，大多数球拍的甜区在第四根线附近。甜区的大小非常重要，因为它能使运动员打出更高质量的球。

拍柄是被运动员握于手中的部分，一般侧面为多棱的和柱形的，表面有防摩擦处理。拍框包含拍头、拍杆、连接拍头与拍杆的接头、拍柄，使用材料不一，近几年使用的材料倾向于轻便且质量好的。球拍的重量一般在 95 ～ 120 克，较重的球

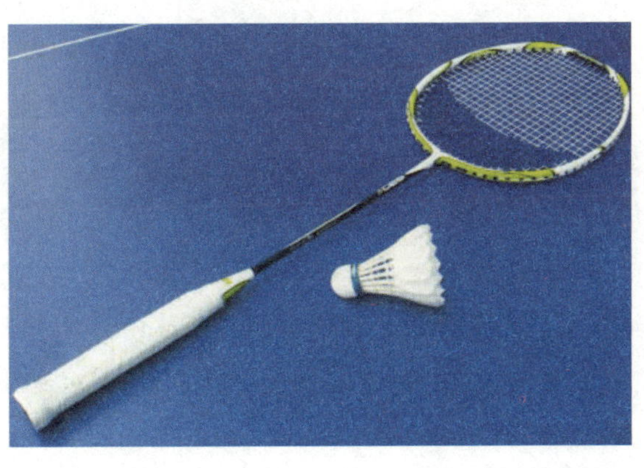

拍适合力量型的运动员，能更好地进行进攻，而轻的球拍更适合防守。

球拍有个平衡点，如果球拍的平衡点离拍头近就叫“头重”，

如果更靠近拍柄就叫“头轻”。不管是“头轻”还是“头重”，都各有其利弊。头重的球拍打出的球虽有力量，但挥拍的灵活性较差，更适合于进攻，而头轻的正好相反，灵活有余，力量不足，适合用于防守。

小贴士

1. 球拍不允许添加附加物，除非是为了防止磨损、振动、断裂或调整重心的附加物，或者是预防球拍脱手的绳子或手胶，但尺寸和位置要合适。

2. 球拍不用时最好悬挂放置，以防变形。

3. 球拍最好两面使用，可以延长拍子寿命。

❖ 羽毛球的选择

羽毛球有 16 根羽毛固定在球托部，每根羽毛长为 64 ～ 70 毫米，羽毛从底部到上部，围成一个圆形，直径为 58 ～ 68 毫米，中间用线或其他材料扎牢。

球托直径为25～28毫米，底部为圆形。羽毛球重4.75～5.50克。

在特殊情况下，比如，在高海拔或气候条件比较恶劣时，可以不使用标准用球，但必须经过批准方可使用。

小贴士

1. 天然羽毛制成的球易碎，在使用前可以用蒸汽熏蒸一下。

2. 初学者或休闲者使用人造材料的球就可以了。

❖ 服装与鞋子的选择

在参加羽毛球运动时，不管是专业运动员还是非专业运动员，都需要穿着舒适的衣服和鞋子。

现代技术发展迅速，运动服的用料、设计风格和理念上也在不断改进。

在颜色的选择上，一般选择较为明快的颜色，大多数运动员选择以白色为底，然后在衣服上印有团队名称或国旗样式等，在赛场上形成了一道亮丽的风景线。不可忽视的是在颜色的选择上，要注意颜色协调，包括上衣、下装和袜子。

在比赛时，要穿羽毛球运动专用的球鞋。运动鞋要轻，鞋

底要防滑，在买运动鞋时最好穿着袜子试鞋，这样可以更好地选择合适的鞋子，不会阻碍脚的移动。

小贴士

1. 最好选择棉质的、稍厚的短袜，使用运动员专用的袜子，这样会在奔跑、跳跃等动作时减少对脚腕、膝盖和腰部的冲击力。

2. 在买鞋子时要考虑脚受伤或为了防止脚受伤缠绷带的情况，选择合适的鞋子。

3. 天气冷时，训练前后要准备御寒的衣服，注意保暖。

不一样的羽毛球——专业术语

❖ 一般术语

站位

站位就是指运动员在赛场上所站的位置，在不同情况下，站位分为两种，一种是受限制的站位，另一种是不受限制的站

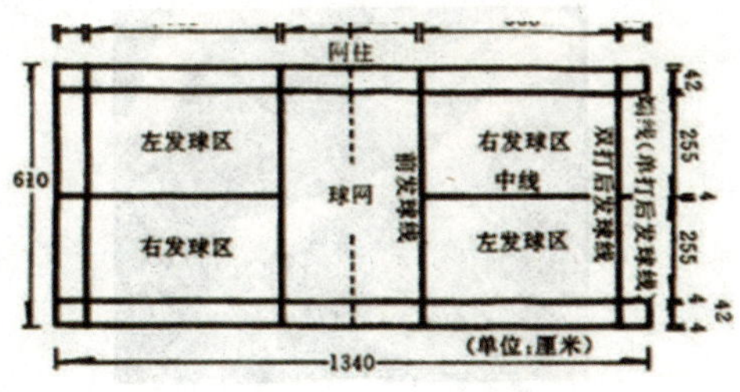

位。受限制的站位顾名思义就是在运动场上，运动员的活动受到限制，必须在规定区域内接球和发球。而不受限制的站位就可以理解为在场上不受限制，可以在需要时在自己的区域内随意移动。

羽毛球场地一般划分为两大块，分别为两队各自区域，而每队又划分为五个小块，分别为左半区站位、右半区站位、中场站位、前场站位和后场站位。

击球

击球就是运动员挥拍时，球与球拍接触的那一刻。按照规定，运动员在不同区位的击球名字不一样，比如说，在右半区域内的击球叫右半区击球。同理，在左半区、前场、后场、中场击球分别叫作左半区击球、前场击球、后场击球、中场击球。当然，划分击球不只可以按照区域，还可以按照球的高度来分，球高过肩膀，击球点放在肩膀以上就叫上手击球，相反的，击球点在肩膀以下就叫作下手击球。

持拍手和非持拍手

持拍手就是指握拍的那只手，而非持拍手就是没有握拍的

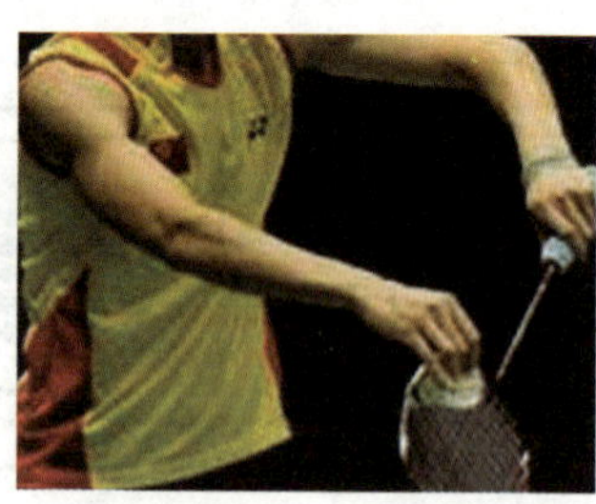

手。在羽毛球运动中，不同的方式有不同的作用，持拍手用来握拍击球，而非持拍手是为了在击球时保持身体的平衡。

击球的基本路线

击球路线是指运动员在练习时，球的运动轨迹和球场之间的关系。一般来说，击球的路线是不确定的，因为不同的球有不同的击球路线，大致上，羽毛球的基本路线可以分为五种：左方直线、中路直线、右方直线、右方斜线（右方对角线）、左方斜线（左方对角线）。

拍形角度与拍面方向

拍形角度是指羽毛球的球拍面与地面之间所成的角度，而拍面方向就是指球拍的拍面所朝的方向。一般，拍形角度分为拍面向上、拍面向下、拍面稍前倾、拍面前倾、拍面垂直、拍

面后仰、拍面稍后仰等。而拍面方向分为拍面朝左、朝右、朝前。

好的拍面角度和拍面方向是打好球的关键。

❖ 羽毛球飞行弧线分类

1. 高远球

从场地一边的后场，以高弧度击球到对方后场。

2. 平高球

从场地一边的后场，以较低的弧线（不让对方在半途拦截到）击到对方后场。

3. 平射球

从场地一边的后场，以较平的弧度击到对方后场。

4. 吊球

从场地一边的后场，把球以向下飞行的弧线击到对方近网区。

5. 杀球

从场地一边的中、后场使球快速向下直线飞行到对方场区。

6. 平抽球

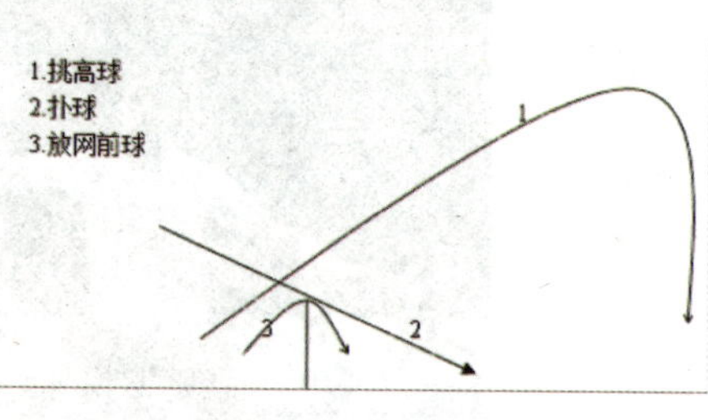

击球点在击球员身体的两侧或近身，挥拍动作幅度较大的称为抽球，而挥拍幅度较小的称为挡球，使球以与地面平行或向下飞行的弧度击到对方场区。

7. 挑高球

在前场或中场在低于球网处，把球向上以较高的弧度击到对方后场。

8. 推球

在靠近网的上部三分之一处，使球以低平的弧线击到对方后场区。

9. 放网前球

把球从本方球网前击到对方近网区。

10. 搓球

用拍面切击球托，使球带有旋转和翻滚飞行过网。

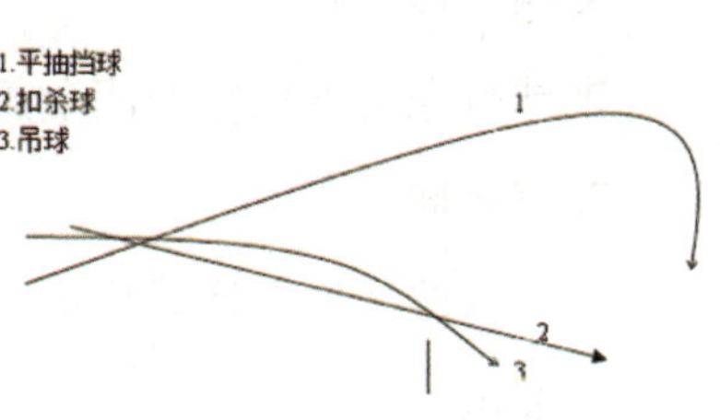

11. 勾球

在网前把球以对角球路线击到对方网前。

12. 扑球

在近网高处把球以快速直线向下击到对方场区。

❖ 战术术语解释

1. 下压

把前场高于网顶和后场高处下落的来球，用杀、吊、扑等技术还击，使对方处于防守的地位。

2. 拉开

把球打到对方场区左右、前后不同点上，使对方离开中心位置。拉开可分为全场拉开、左右拉开、前后拉开。

3. 追身球

趁对方立身未稳时，把球对准对方身体进行突击。

4. 吊上网

吊球后，在对方接网前球时，快速上前控制网前，以搓、扑、勾等技术连续进攻或创造进攻机会。

5. 杀上网

杀球后迅速向前移动，封住前场，以扑、搓等技术连续进攻。

6. 四方球

把球打在对方场区的四个角上，调动对方位置，伺机进攻。

7. 重复球

两次或两次以上连续攻击对方的一个点或一个场区。

8. 突击

在正常速度下，突然加快速度，并以起跳的方法拦截来球进行扣杀，使对方措手不及。

9. 假动作

所做的动作与实际挥拍的动作不符，使得对方判断失误来误导对方。

第二章

羽毛球的基础技术指导篇

握拍训练

几乎所有的羽毛球教练在指导初学者学习羽毛球技术时，首先强调的就是如何使用羽毛球拍、如何握拍，而且也会在教授握拍时提醒学习者要灵活运用握拍手法。这主要是因为羽毛球的击球技术复杂多样，比赛中，击球点可能出现在任何位置，如果不能够快速且灵活地变换握拍方法，就难以招架，也会很难控制和改变球的方向。

在较大力击球时，应握紧球拍，在其他时间应该处于轻松状态，这样有很多好处，比如，有利于根据不同的技术要求，快速、灵活地变化自己握拍的方法；根据不同的来球力量，充分发挥自己的击球力量；充分发挥手腕和手指的灵活性，在击

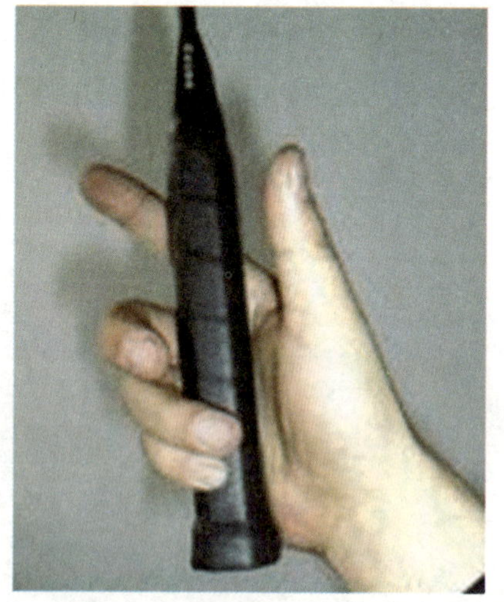

球的瞬间灵活地控制和变化击球的路线和落点；放轻松自己的感觉，建立精确的“球感”；放松肌肉，不至于使自己的前臂肌肉疲劳。

这是一个看似简单的技术，但事实并不是这样，因为它是最基本的技术，往往基础打不好，球也会打不好。它要求击球者在实战中，根据不同的击球方法来快速、准确、灵活地变化自己的握拍手法。

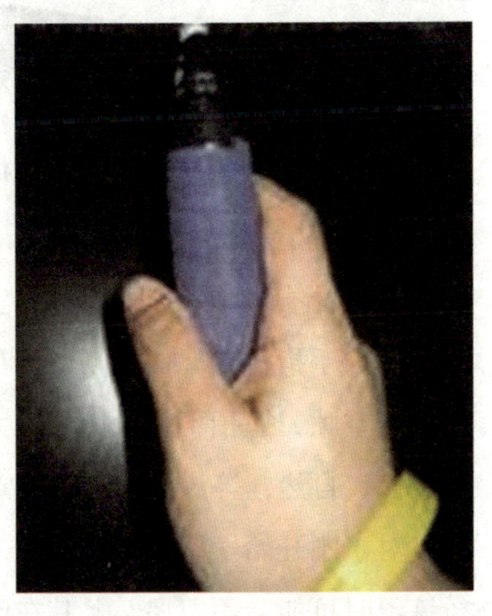

一般来说，初学者开始学习羽毛球是从握拍开始的，而握拍又根据最基本的原理可以有正手握拍和反手握拍两种，但随着技术的不断进步和要求的不断提高，要想在羽毛球比赛中获得优异的成绩，就必须不断在两种握拍法的基础上进行演变，以使自己在运用各种击球法时，能够充分发挥、控制和变化自己击球力量的大小和击球拍面的角度与方向。其实在以动作幅度较大的技术方法击球时，问题还不是很明显，但在一些比较细腻的技术方法上，尤其是在网前击球时，如果不善于在基本的握拍手法上进行变换，那么就很难达到理想的效果。

❖ 正手握拍

正手握拍是羽毛球运动的基本握拍手法之一，通常在还击同侧来的击球时采用此握拍手法。下面来说说正手握拍，以右手握拍为例。

正手握拍的方法：正手握拍者，先用左手拿住球拍的中部，使拍面与地面垂直。然后张开右手，使手掌下部靠在拍柄底托，虎口对准拍柄斜棱上的窄的一面，用近似握手的方法握住拍柄，拇指和食指分别在拍柄的两侧宽面上握紧，并成“V”字形，其余三根手指自然握住拍柄，食指与中指自然分开。掌心与拍柄留有空隙，握拍不能太用力，力度要适宜。在击球前，一定要放松、自然，等待击球时要握紧球拍。

对于刚开始学习羽毛球的人，使用上述所讲的正手握拍进行练习时可能会不习惯，尤其在面对对手击来的后场上手击高球，甚至还有吊球和杀球时，都会不约而同地采用近似网球的“西方式”握拍手法，就是握拍手向上举时，拍面已经正对前方，击球者很容易击到球。原因是他们不懂得羽毛球在使用正手击球时，前臂旋内也是击球的一种力量，如果没有学会正确的发力方法，这样即使是学会使用正确的握拍方法，也会打不好球，

这种情况下，也许你会觉得使用错误的网球“西方式”握拍法对于你来说更好用，但是在需要利用手腕下压球时，这种错误的握拍手法的缺点就会显而易见了，也有可能使自己的手臂受伤。所以要想在赛场上打出好球，就应该学会正确的握拍手法，学会使用正手握拍才能在正手击球时打出好球。

小贴士

1. 握拍的位置依个人情况而定，一般情况下球拍的拍柄靠近手掌的小鱼际为宜。

2. 握拍力度要适宜，恰似握住一个鸡蛋，重则破损，轻则滑落。

❖ 反手握拍

凡是球在身体左侧反手位置，或在身体左前下方用反拍面击球时，都要用反手握拍。

反手握拍的方法：将球拍柄在正手握拍的方法上稍向外旋（往右转），拇指上提，拇指的第二指节的内侧贴在拍柄内侧的宽面上，食指稍向中指和无名指、小指方向收回。反手握拍时，手心与球柄之间要留空隙。击球时，靠与大拇指相对的三根手指紧握拍柄，同时拇指用力向前推动拍柄击球。

与学习正手握拍一样，想要学好正确的反手握拍方法，就要在学习反手握拍方法时，学会正确的反手击球的发力方法，也就是说在学会灵活运用手腕、手指发力的同时，也要学会前臂旋外的发力方法。

小贴士

1. 为了能更方便手腕发力，掌心、拍柄与小鱼际之间要留有充分的空隙。

2. 无论是正手握拍还是反手握拍，在击球前要放松手腕，在击球时用力。

3. 反手握拍和正手握拍可以灵活转换，为了能够灵活转换，运动前应该针对相关部位做好准备活动。

❖ 学习步骤

启蒙教育

1. 培养兴趣

兴趣是最好的老师，要使练习者能够主动地关注羽毛球运动和学好羽毛球运动，对羽毛球有浓厚的兴趣是不可缺少的。教练在初开始教学时，应该讲清羽毛球运动的特点和锻炼价值，有意识地引导、培养、组织初学者观看世界型比赛的现场直播和录像，或者组织旁观优秀者的训练，以此来吸引初学者的兴趣。

2. 熟悉球性的方法

初始学习羽毛球的人，如果没有熟悉球，那么就会击不到球。所以要先按照下面的方法熟悉球性。

第一步，在正确握拍的基础上，进行向上颠球的练习。持拍在身前，拍面与地面平行，对准球托，向上击球，待球落下时再一次向上击球，如此反复练习。要求次数越来越多，且越好，力量也由轻到重，高度由低到高，拍面由正面击球到反面击球，移动范围也由小到大，再由大到小，逐渐学会控制球。

第二步，有目的地选择击球点。选一处空地，在空中悬挂一个物体，练习者在挥拍的最高点接触物体。

第三步，空中击球。练习者持拍做好上手击球的准备，教练往空中扔球，等到球到达球拍的上方时，练习者立即挥拍将球击出。从定点定位过渡到移动击球。

第四步，对墙击球。持拍在身前，两膝稍弯曲，连续从稍右侧下方向上方击球。

握拍学习步骤

1. 初学者要牢记动作要领，不可贪省事找捷径。

2. 通过学习教练的技术示范、看视频来进行模仿训练。

3. 使握拍的手熟悉拍柄并能够自由转动拍柄后，按照正确的动作，调整并完成正手或反手握拍的动作，然后进行反复练习。

4. 体验握拍的松紧度，不可握拍太紧，也不可以握拍太松。在自己熟悉的感觉上适度把握握拍的松紧。

5. 反复训练，凭手感便可以完成正确的握拍。

6. 学会正手握拍和反手握拍之间的灵活转换。从正手握拍举至右肩上，到反手握拍举在左肩上，在自己的面前画横“8”字形，体会拇指和食指将拍柄捻动后手指和拍柄接触部位不同的要求和变化。

7. 在学会运用手腕、手指发力的同时，关键要学会前臂旋外的发力方法。

8. 学会正确的正手击球的发力方法，利用不同的来球角度和方向，使握球拍的手能够自如地转换正手握拍和反手握拍击球。

❖ 常见的错误握拍法及纠正方法

握拍太紧，没有固定的握拍方法

握拍太紧是指练习者在击球之前或击球时，在准备动作、引拍动作和击球后的还原动作的过程中，握拍的手与拍柄之间没有适当的空隙。

纠正方法：在正确握拍前深呼吸，放松心情，握拍后，依靠手指将球拍在手中不断地进行转动，做突然握紧后又还原的放松动作。在平时，可以徒手多做一些挥拍练习，这样就可以提高手指的灵活性。

拳握法

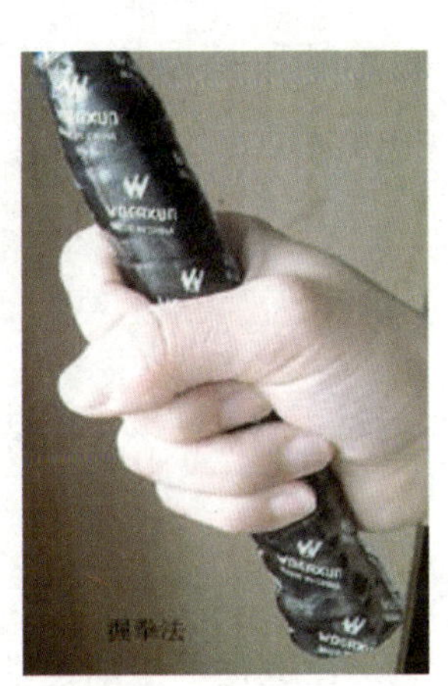
握拳法

五指并拢使劲地一把抓的握法，这种握法使手臂的肌肉僵硬，影响手指、手腕的灵活性。

纠正方法：根据其他的技术示范，先进行学习模仿，然后再在掌握技术要领的基础上，进行反复练习。

“苍蝇握拍法”

手掌的虎口对准拍面的握法，这种握拍法限制了屈腕动作，使拍面角度的自由控制受到阻碍。

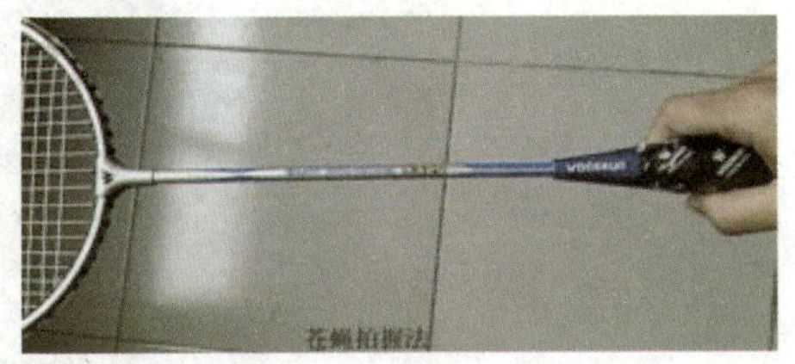
苍蝇拍握法

纠正方法：在学习正确的技术要领的基础上，通过学习前臂旋外来发力。

反手击球时，没有及时转换握拍方法

也许是因为太紧张或者技术不熟，所以在反手击球时没有按照规定换成反手的握拍法。

纠正方法：使球拍在手中灵活转动，让握拍手自由转动拍柄，完成正手握拍动作与反手握拍动作的转换。

此外，还有“大拇指”型握拍、“食指型”型握拍、“缩短拍柄”型握拍等错误的握拍方法。

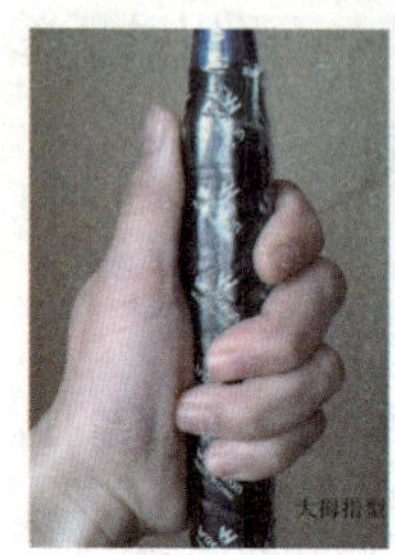

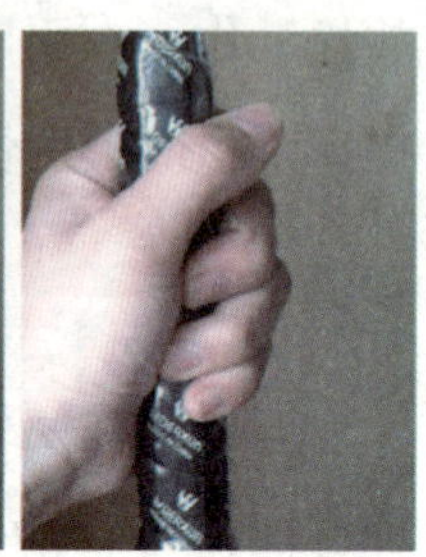

击球训练

❖ 头顶击球

在进行羽毛球运动时，会进行击球运动，而击球的好坏直

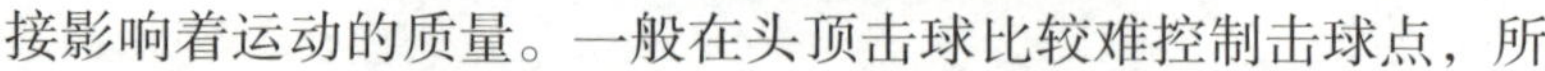

接影响着运动的质量。一般在头顶击球比较难控制击球点，所

以在进行头顶击球时，首先要把球拍举过头顶，做好随时击球的准备，当球来时，右手握拍的人，左手自然向上举，然后确认球路（左手握拍的人相反，右手自然上举），接着握拍的手臂向后引，准备击球，握拍的手用力挥拍，在头上稍靠前的位置上击球。当击球结束后，手臂随惯性自然回收到胸前。当然，最重要的是动作要自然流畅。

小贴士

1. 头顶击球时重心要随身体移动。
2. 要以最快的速度判断球的来路，并快速到达需要的位置。
3. 开始挥拍时，身体后转，重心随之移到后面那只腿上。

❖ 侧手击球

侧手击球是指打击高度在肩与腰之间的来球。能否使自己在对手的进攻下处于有利地位，侧手击球的速度及方向是关键。向反手区打来的球，是在对手的进攻中最具威胁的，因此，要提前做好准备。

侧手击球的击球方法与头顶击球相同，但由于是横向挥拍，所以拍面的角度变得比较难以控制。

侧手击球的方法：

1. 将球拍举至肩部高度，做好准备。

2. 肩对着来球。

3. 肘部向后引，将球拍举至身后。

4. 击球时横向转体，在身体的斜前方击球。如果等到球到达身体侧面或斜后方时再击球，就会陷入被动。

5. 击球后做有力的随挥动作。

不管怎么样，都是要求动作连贯且灵活，所以要做到熟练且流畅。另外，在不同的区位击球也有不同的要求。

在正手区侧手击球时应注意：当在进行比赛时，要快速且准确地到达球的落点。在头顶击球时，由于球离地面较远，即使击球动作慢了，也还可以改用侧手或低手击球的方法。而在侧手击球时，动作慢了就只剩低手击球的方法了。由于很多时候来球都有一定的速度，这就增加了低手击球的困难。因此，要尽量以侧手击球的方式把球击回。要做到这一点，最重要的就是快速移动脚步了。

还要记得，在击球时，要尽快把球拍举至肩高，在右脚（右手握拍者）迈出的同时把球拍举至眼前。随着身体的移动，身体的重心要移到右脚上，并猛力挥拍。当球来时，要控制人与球的距离，不可过远或过近，当身体与球过近时，不易发挥肩部的力量，过远时，则要伸腰去接球，降低了回球的力量。

在反手区侧手击球时应注意：有时不仅右脚向斜前方跨出，也会有左脚跨出的情况。要根据需要，迅速判断出使用何种步法更有利。然后与正手击球一样，将球拍举至肩高，并在身体的左斜前方击球。在转体的同时，右脚（右手握拍者）大步跨出，并以此姿势击球。由于双脚在交叉的情况下，会影响随后的动作，因此，在击球后，要尽快地恢复到正常姿势。当然，拍面要保持稳定。

❖ 低手击球

低手击球是一种被动状态的击球方法。由于来球的高度在腰部至地面之间，因此，击出的球很难发挥力量。此外身体姿势也会有明显的变形，从而造成恢复姿势的困难。由于要在这种姿势下把球打过网，所以，打好低手球并非一件容易的事。

在前面提过，低手击球是把来球击回的最后机会，如果击球失误，球就会落地而形成“死球”。低手击球时的步法也是非常重要的，除了要做到步法快速敏捷之外，还要保持身体平衡。很多时候要尽可能地伸拍将球捞起击回。

低手击球的方法：

1. 手握球拍在腰部稍下的位置做击球准备。

2. 右脚（右手握拍者）最大限度地向前跨出。

3. 向后引拍动作要小。

4. 敏捷果断地挥拍击球。

低手击球时应该注意的事项：

1. 要以敏捷的动作回出远球。

2. 回球时不能只为了防守，也要争取化被动为主动。

3. 尽管步法、身体平衡较难控制，但还要尽量保持身体姿势不变形。

发球训练

羽毛球的发球是一项重要的技术。发球质量的好坏，直接影响着这个球的成败。在比赛中，选手可以根据自己的能力，运用不同的发球手法，发出不同弧度、不同落点的球来控制对方，创造得分机会。好的球要求质量高且位置好。高质量的发球会给接发球方造成困难，迫使对方只能做防守性的回击，甚至迫使对方出现接发球失误的情况。而质量差的发球，则会给对方获得进攻的机会，使自己处于劣势的被动状况。

发球可根据个人的习惯或战术需要来选用正手或反手发球，同时以球的飞行弧线和落点区分，又可以将发球分为后场高远球、后场平高球、后场平快球和网前小球 4 种。在一般情况下，单打多采用正手发球，而在双打、混合双打中常采用反手发球。下面以右手持拍为例，对各种发球加以介绍。

❖ 正手发球

正手发球是用正手握拍法，以正拍面将球击出。

发球前的准备姿势：站位一般选择在中场附近靠近中线的一侧位置上。大致可以分为四步：

第一步，左肩侧对球网，两脚开立站在离中线约 30 厘米、离前发球线约 1 米处，双打时可稍稍靠近前发球线。

第二步，两脚自然张开，身体左肩侧对球网，左脚在前，脚尖指向发球方向，右脚在后，重心在右脚上。

第三步，左手拇指、食指和中指轻夹住羽毛球中部，使球托向下，小臂微屈，自然持球于身体斜前方，与胸腹间水平位置相当。

第四步，右手正手握拍，自然屈肘举至身体的右后侧，呈发球前的准备姿势。这种发球站位和准备姿势适用于各种正手发球动作。

根据不同的战术需要，正手发球可以发出后场高远球、后场平远球、后场平快球和网前小球等不同弧线的球，但其发球前的姿势都应该一致，这样就会给对方的接发球造成判断上的困难。

正手发后场高远球

正手发后场高远球，顾名思义就是用正手握拍，以正拍面将球击出，并击得又高又远，球飞行到对方的端线上空后突然改变方向，呈垂直下落至端线（底线）附近区域的一种发球

技术。

由于球处于对方端线，可有效地调动并削弱其进攻的威力，同时也增加了对方接下一拍球的难度。正手发后场高远球是单打中最为常用的一种发球技术。

同羽毛球所有的发球技术动作一样，正手发后场高远球也是由击球前准备、引拍、击球动作和跟随动作（击球后动作）四部分组成。

引拍动作：持球手松开，使球自然下落，此时左手随着引拍动作收至身体左侧。同时右上臂随转体外旋，并带动前臂自下而上沿半弧形做回环引拍动作，充分伸腕，身体重心随着转体和引拍动作逐渐前移。

当球拍挥至身体右侧前下方，身体转至近于面对球网时，准备击球。

击球动作：最佳击球点在身体右侧前下方。在拍面与球接

触的瞬间，以右臂迅速向内旋转，并带动手腕快速向前上方做回环挥拍动作、展腕屈指发力完成球拍的加速，随即用正拍面将球以最大力量击出。同时，右髋积极向前送，身体重心随转体动作逐渐由右脚移至左脚，但两脚必须接触地面，不能离地（规则要求）。

跟随动作：身体重心完全移至左脚，持拍手随击球动作完成后的自然惯性向左上方挥动，掌心对于身体左侧。

小贴士

1. 击球前右手轻握球拍，最佳击球点应在身体右侧前下方。

2. 在击球瞬间右手紧握球拍，前臂带动手腕由伸至展，充分发力，将球击出。

3. 击球后，手腕呈展腕状态。

4. 对于后场高远球而言，最有利的目标区域位于对方场地底线靠近中央线位置。

正手发平高球

正手发平高球的动作过程大致与发高远球相同，就是在击球时，前臂加速带动手腕向前上方挥拍，拍面要向前上方倾斜，以向前用力为主。

平高球飞行弧线比高远球低，因此，在发平高球时，要注意发出球的弧线以对方伸拍击不到球的高度为宜，落点力求在对方场区底线附近。

正手发网前小球

正手发网前小球是用正手握拍，并以正拍面来击球，使球轻轻地擦着球网而过，并让球在对方前发球线的附近下落。

由于正手发网前小球的飞行弧度低，距离短，可以有效地对对方进行限制，使对方不能直接接球并反攻，或直接发球后有目的地抢网或突击扣杀，是单、双打中较为普遍的一种发球技术。

准备动作、引拍动作和跟随动作与正手发后场高远球相同。

击球动作：击球时，握拍要松，前臂只是前摆不做内旋动作，靠手指控制力量，手腕向回收以此来发力，用球的斜拍面在击球时往前推送击球，使球正好擦网而过，落入对方的前发球区。

小贴士

1. 击球时，要控制拍面与力量，避免球过网偏高。

2. 在双打中，由于双方场上移动范围较单打要小，对发网前小球的质量要求更高。

3. 如果球过网过高，对方则可通过扑球、推球直接发球抢攻。

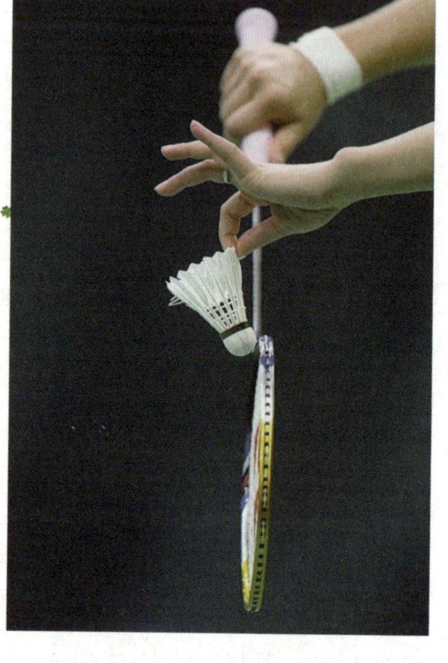

❖ 反手发球

反手发球主要是靠快速挥动前臂和伸腕完成击球动作，以拇指及其他手指的力量来控制球速和落点。

与正手发球相比，它的优势在于动作幅度小、出球速度快、动作一致性好、对方不易判断、采用发球变化的突袭时机更好一些。

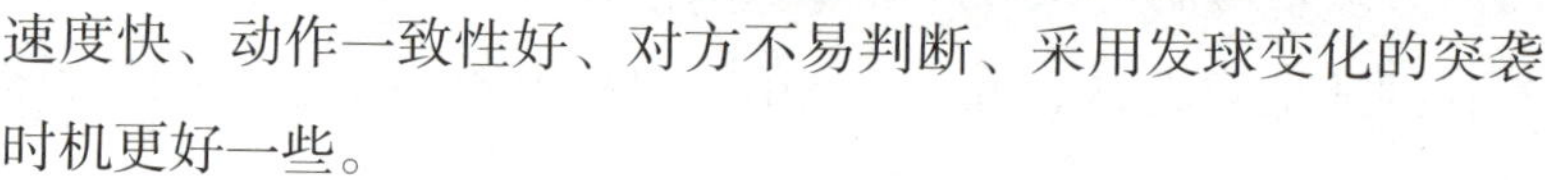

反手可以发除高远球之外的其他各种飞行弧线的球，但在比赛中一般以发网前小球和平远球为主，主要用于双打比赛中。

反手发网前小球

发球站位：面向球网，站在离前场发球线 10 ～ 50 厘米的地方及在靠近发球区中线的附近的位置，或者是站在前发球线及场地边线附近。

准备姿势：面向球网，两脚分开并前后站立（左脚或右脚在前均可）。上体稍前倾，身体重心随着动作放在前脚上。右

手反握拍，左手拇指和食指自然地捏住球的两三根羽毛。

击球动作：左手松开的瞬间，右小臂迅速带动手腕挥动，屈指伸腕发力，发小球时，球拍逐渐向前横切推送，用切击的力量使球以略高于网顶的弧线飞行，通过拍面的切削动作使球落到对方场区内不能及时赶到的前发球线的附近。

反手发后场平高球

反手发后场平高球是反手发球的基础。

准备姿势：两脚与肩同宽，前后斜站。右脚在前，左脚尖向后侧立起来点地，同时把重心前移放在右脚上。左手拇指、中指、食指三根手指握住球的上部，即羽毛处，将球置于腹部以下。右手弯肘稍向上提起，展腕，用反手握拍，并让球拍以反拍面的形式，自然地放在腹部前方和持球手的后面，并且两眼自然平视前方。

引拍动作：在持球手放球的同

时，以肘为轴，持拍手小臂内旋，带动展腕，手臂从后向前做回环半弧形挥动，至一定发力所需幅度。

击球动作：击球时，屈指手腕发力，用正拍面向前上方将球击出。

动作要领：发球时，球拍的挥动方向大致与反手发网前球的球拍挥动方向一样，只是不同的是，在用球拍击球的一瞬间，手腕采用弹击的方法，球拍面角度大致在 90 度，将球击到靠近双打后发球线附近的对方场地。

反手平快球

发平快球的动作与发网前小球的基本动作一样，主要靠“切”送。

小贴士

1. 发平快球时，发力要突然，击球时，拍面有“反压”动作。

2. 要尽量将球发到刚刚高于对手（右手持拍）左肩的位置，迫使对手用反手接发球。

❖ 发球常见的错误及针对的练习方法

发球容易犯的错误

1. 正手发后场高远球时，击球点在右肩下方，以肘为轴，前臂提拉屈腕发力击球。

2. 掌握不好球与拍之间的时空关系，不能在最佳位置击球，挥拍动作僵硬，影响发球效果。

3. 在发网前球时，手腕上挑过高，没有切送动作，球过网太高，易被对方扑杀。

4. 在击球过程中，身体重心没有随身体的转动而变化，动作不协调，影响击球发力。

5. 在发球过程中，双脚出现脚步移位。

发球练习方法

1. 先徒手反复练习挥拍，要依照先分解后连贯、从简单到复杂的顺序，按照技术动作的要领做挥拍练习，直至熟练。在挥拍过程中体会、掌握每一种发球的技术要点和技巧。

2. 持拍面对墙壁做发高远球练习，与墙的间隔在 3 ～ 4 米远，要求将球发到墙的高度同样是 3 ～ 4 米。练习发网前小球时，既要照顾到击球的准确性，又要兼顾到击球动作的正确性。

3. 练习发网前球时，可以在高于球网 30 厘米的上方拉一根绳子，按照网前球的发球方式，使球穿过球网和绳子之间的空隙，落在对方前发球线附近。

4. 用绳拴住球，选择适当的高度将球吊好，反复做发球挥拍击球动作练习，体会球与拍之间的距离感及前臂内旋带动手腕由伸腕到展腕的发力过程。

5. 发球者在固定位置将多个球发送到规定的位置。要求发球者瞄准某一落点区域连续发球，在保证命中率的基础上，提高准确性。

6. 两人分别相对站在两边场地，准备一筐羽毛球，按照发球要求，相对练习发球，可持续发 5 ～ 10 分钟后场正手高远球，再发 5 ～ 10 分钟网前小球。

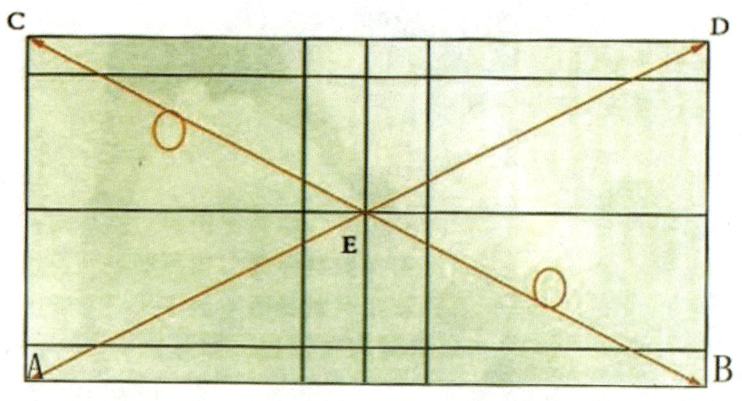

接发球训练

接发球与发球一样，也是羽毛球的基本技术。接发球方根据来球的具体情况，采用相适宜的接发球技术，来破坏发球方的战术企图。

同时，接发球是一项被动的技术，受发球方的牵制，因此，只有做好了充分的准备才能接好来球，如果判断准确，启动快，还击及时，就能在对方发球质量稍差时，杀、扑得手或取得主动，从而达到后发制人的目的。

❖ 接发球的站位

单打接发球站位

一般来说，单打的接发球方站在场地中间向后一步的位置，这样既可以及时地接打网前球，又可以迅速回到底线以回击对方发的高远球。

如果在左发球区接球，一般选择有效发球区中心位置站位。如果在右发球区接球，则在有效发球区中心稍微靠近中线的位

置站位，这样做主要是为了防备对方发球攻击反手部位。

双打接发球站位

在双打接发球中，站位可靠近前发球线，双打的接发球区比单打短0.76米，发高远球很容易被扣杀，所以，双打接发球应把主要精力放在对付对方发网前球上。

因此，双打接发球的站位一般都前移，选择靠近前发球线的位置，目的是在网前争取高的击球点。

❖ 接发球的准备姿势

单打接发球的准备姿势（以练习者右手持拍动作为例）：左脚（以整个脚掌着地）在前，右脚（以前脚掌触地）在后，身体重心落在左脚上，双膝稍微弯曲，右手持拍自然举放在胸前，左手自然屈肘于左侧，以便使身体平衡。眼睛注视对方，准备接发球。

双打接发球的准备姿势（以练习者的右手持拍动作为例）：双打接发球的准备姿势与单打基本相同，但由于双打速度快，所以接发球时可将球拍适当抬高一些，举至头顶上方的位置，以便于迅速抢网。

❖ 接发球的方法

在一般情况下，接发球时可以采用搓球、放网前球、扑球、推球、勾对角球以及挑球等方法进行还击。其中，扑球是在对方发球质量较差、过网明显偏高时运用。挑球是在自己难以争得主动和疲劳时采用，一般不宜多用，尤其是在双打比赛中。

当对方发高远球或平高球时，可以选用平高球、吊球或杀球接发球。如下图，虚线是对方发来的高远球，线路“1”为还击高球；线路“2”为还击吊球；线路“3”为还击杀球。

一般，接发高远球能够取得进攻的机会，接得好，就能掌握主动。但初学者常常会因为后场技术不精，接发球的质量不高，会招致对方的攻击。因此，要加强后场进攻技术的训练。

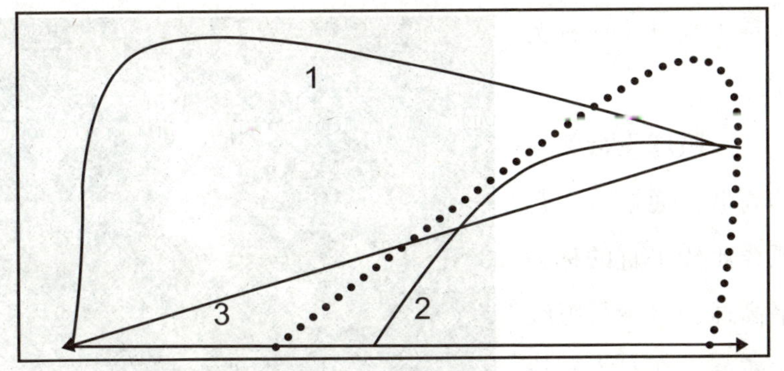

当对方发来网前小球时，可选择用接发平高球、接发高远球、接发放网前球或平推球中任一种技术还击。关键是：一要抢高点击球；二要动作一致；三要出手快；四要保持与下一拍击球的连贯性。如果对方发球质量不高，也可选择使用扑球还击。总之，落点要尽量选择离对方远的站位，不能让对方轻易进攻。

如果面对对方发来的平快球时，可用平推球或平高球进行还击。以快制快，由于发球方进行还击的击球点没有接球点高，下压得狠些可以占据主动。另外也可以利用高远球进行还击，以逸待劳。如果还击网前球很仓促，就会变得击球速度和质量很差，有可能遭到对方的进攻。接发球的线路和落脚点要有变化。

高球训练

所谓的高球就是指击球者将对方击向本方后场的来球，在自己头部上方将其以较高的飞行弧线还击到对方后场区靠近端线附近的击球方法，统称为高球（亦称为拉球）。

按照球飞行弧线的高低，通常将飞行弧线比较平直的称为平高球，将飞行弧线比较高、在对方端线处垂直下落的称为高远球。

❖ 高远球

高远球是后场击球的基础技术之一，也是在单打比赛中使用最多的一种击球方式。一般高远球分为正手高远球、头顶高远球、反手高远球。

正手击高远球

动作要领：根据来球的方向和球可能到达的落点，侧身后退，使球处在自己的右肩并且稍向前的上方位置。

然后再左肩对网，左脚在前，右脚在后，右脚脚尖外转，重心随身体转动放在右脚上。右手持拍，手臂稍微弯曲，将球拍举至右肩上方，两眼注视来球。左臂屈肘，左手稍稍高举，注视来球的方向。

击球时，右臂上引，肘关节随之明显上提至肩部以上，将球拍后引到头部，手腕自然伸直（要求拳心朝上），然后使用后脚蹬地和转体收腹的作用力，以肩为轴，并且使上臂带动前臂快速向前上方甩腕（鞭打形式），当手臂自然伸直时，在最高点打击球托的后下部。

击球后，持拍手臂自然收回，并且利用惯性往前左下方挥动，最后收拍至体前。

与此同时，右脚向前迈出。左脚后撤，身体重心由后脚转至前脚上。

正手击高远球不仅可以在原地击球，还可以起跳击球。

起跳击高远球按上述要求做好准备动作，然后右脚起跳，随即在空中转体，并完成球拍击球动作。

击球动作是在球从空中最高点下落的瞬间完成。起跳击球是为了争取高点击球，从而取得时间上的主动，起到比原地击球更好的效果，但起跳正手击高远球对步法技术、身体素质和体力的要求也比较高。

❖ 正手击高远球容易出现的错误及纠正方法

1. 击球时，以肘为轴进行挥臂运动，而不是以肩关节为轴，否则会由于击球时手臂没有自然伸直，进而影响力量的发挥。

纠正方法：学习动作的要领，在原地做挥拍练习。并用一根细绳固定球，使球挂在练习的适当高度，反复体会动作。

2. 准备击球时，侧身不及时，重心没有随着身体的移动而移到后脚，没有形成"满弓"姿势，这样就对全身的协调用力造成了影响。

纠正方法：练习交叉步和后撤步，并进行腰腹力量练习。

3. 握拍过紧，使腕部的灵活性受到影响。

纠正方法：熟练掌握正确的握拍方法，徒手做甩腕动作。

4. 击球前，向后引拍不够，没有形成很大的挥拍距离。

纠正方法：静止反复做引拍动作。

5. 不是用“爆发力”把球弹出，而是把球“推”出去。

纠正方法：进行徒手甩臂动作。用一根细绳将球固定在适当的高度，对准球反复做甩手臂和压手腕的动作。

头顶击高远球

在自己的左后场区，正手持拍，并将对方打来的可能落在左肩或头顶的球击到对方底线附近的高远球，称为头顶击高远球。对于初学者，头顶击高远球技术是十分重要的。

动作要领：关于头顶击高远球，它的击球前准备姿势以及击球动作大都与正手击高远球基本相同，本质的区别在于在击球阶段运动员上身向左侧侧向弯曲，击球点偏左肩上方。准备击球时，侧身稍左后仰。

击球时，使前臂带动小臂，并使球拍绕过头顶，当到左上方时，向前加快挥动的速度，同时注意使用手腕的爆发力以及蹬地收腹的力量击球。落地时左腿向左后方摆动幅度大些，并且左脚后蹬向中心位置回动。

反手击高远球

在自己左后场区上，以反手握拍法反拍面击出的高远球，称之为反手击高远球。同样是击后场区高远球，我们应当尽量避免用反手击高远球，因为头顶击高远球对我们更有利，但是在被动的情况下，可采用反手击高远球进行过渡，这样能够帮助自己快速地重新调整位置。如果该项技术能掌握好，也可能转被动为主动。

反手击高远球有很多特点，其中一条就是能够节省体力，并且对步法要求也不高。

动作要领：当判断来球是在后场区上空时，用反手握拍法握拍，右脚向身体左侧跨出，同时快速将身体向左后方转移，并且移动步法，最后一步用右脚向前交叉并跨到左后方击球位置，背对网，身体重心随之转到右脚上，持拍于胸前，拍面朝上。右手举球拍由身前到左肩附近，然后以大臂的力量带动前臂进行转动，前臂由左肩上方往下绕半弧形引拍，当球下落至右肩上方时，上步挥臂，右脚充分蹬地，转髋展肩上臂带动前臂外旋手腕发力，根据还击球的需要，掌握好球拍的角度鞭打来球，击球瞬间手指紧握球拍，利用拇指的顶力，用反拍面将球击出。

击球后，手臂回收至胸前，右脚蹬地向右转身回到准备击球的地方。

反手击高远球容易出现的问题及纠正方法：

1. 步法未到位，转身慢，击球点低，身体重心没有在正确的位置上，影响全身的协调用力。

纠正方法：练习交叉步和后撤步，并用一根细绳将球固定在适当的高度，体会击球点。

2. 击高球时未甩臂压腕。

纠正方法：徒手做甩臂动作，在适当的高度用绳固定一个

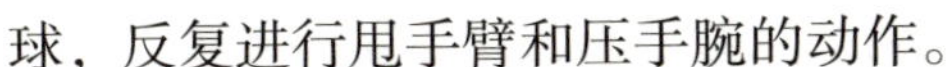
球，反复进行甩手臂和压手腕的动作。

3. 挥拍的最高速度在击球后（即在右肩后），不是在击球时。

纠正方法：学习动作要领，并反复进行原地的挥拍练习。并用细绳将球固定在适当的高度，反复做击球动作，体会爆发力。

击高远球的学习步骤

练习击球时，要求动作的正确性和准确性。

在开始练球时，要保持击球前的准备姿势应一致。击球前，应注意来球的方向，并迅速做出反应，寻找更好的击球位置，击球时最好选择在最高点进行击球，并且合理地掌握好击球时间。

1. 学习动作的要领，在原地做挥拍练习。注意握拍的正确、合理，肢体动作之间的协调。

2. 用一细绳，将球固定在适当的高度，反复练习击球的动作。

3. 原地进行“起跳转体”90 度，并完成击球的挥臂动作。

4. 两人站在相对场区的底线附近进行对打高远球。一开始先练习直线对打，然后再练习对角线对打，注意到位击球，提高击球的稳定性与准确性，加快速度。

5. 进行多球训练，利用多球喂球，让练习者在不断移动中实现到位击球。练习者站位也由原地完成动作到移动中完成动作，再到起跳完成动作，最后要求练习直线或斜线。

❖ 平高球

在后场击球的基本技术不仅有高远球，还有平高球，而平高球是从高远球发展而来的，它的弧线比高远球低，但飞行的速度比高远球快，也是后场进攻的有效技术之一。

平高球是弧线低于高远球，但速度比高远球快，使对方即使举拍也拦截不到，落点在对方端线附近场区内的球。

这是一种在主动情况下运用的击球技术。平高球是属于后场快速进攻的主要技术，它是控制与反控制、直接进攻或主动过渡以创造进攻机会的有效手段。

动作要领：同击高远球相似，只是在击球时，向前方用力，

使击出的球弧线较低。

平高球也可以有正手击球、反手击球或头顶击球技术来完成。而且它的动作要领与正手、反手、头顶击高远球一样，所不同的是主要向前方用力，而不是向前上方用力。

由于平高球的弧线较低，所以如果使用不当就很容易被对方拦截。因此，在实战中，不管怎样击平高球都应该注意：要想弧线低些，可以打直线的平高球；反之，要想高些，可以打斜线的平高球。

❖ 高远球与平高球的特点与合理运用

高远球和平高球都要求在尽可能高的位置击球，还击对方底线附近击来的高球，都具有主动性强、击球力量大等特点。

高远球的主要特点：弧线高，到达对方底线的时间长，不容易被对方拦截。因此，可迫使对方远离“中心位置”退到底线击球，从而拉开其场上移动距离，调整并控制比赛节奏。

平高球的主要特点：飞行的弧度比较低，到达对方底线的时间短，击球动作多带有突然性，若运用不熟练会被拦截。

高远球与平高球的合理运用：这两种击球技术由于在空中飞行的弧度和快慢不同而具有不同的战术作用。

高远球通常具有防守的作用，主要在防守和被动状态中运用得比较多。平高球通常具有进攻的性质，主要较多运用在进攻和相持状态。

所以，出于战术运用合理来考虑，两种技术都要充分运用，

但要对击球的飞行弧度和落点准确性提出更高的要求。

吊球训练

吊球就是指运用劈切、拦截的技术动作，把中、后场的较高来球，以向前下方飞行的弧线，还击到对方近网区域的击球方式。

通常它和高球结合使用，一前一后，起到调动对方场上位置，为本方寻求突击进攻机会的作用。

按其飞行速度和拍面接触球的部分区分：有轻吊，飞行速度相对较慢，落点比较贴网；劈吊，拍面与球接触时带有切击的动作，作用力不通过羽毛球的中心，球的飞行速度较快，落点相对轻吊要远一些；拦截吊，指击球者在中后场跳起用球拍拦截来球，使球快速贴网而落。

按击球后飞行的路线区分：有直线吊球和斜线吊球。

以击球点在击球者身体位置的不同，又分为正手吊球、反手吊球和头顶吊球。

无论哪种吊球，其击球前准备动作和引拍动作都同于相应的击高远球的技术动作，使对方不易判断自己打出的是什么球。

❖ 正手吊球

正手吊球，指击球者用正拍面还击持球手身体同侧的来球。包括劈吊球（又称快吊）技术和轻吊球（又称为拦截吊）技术，击球前它的动作都与正手击高远球的动作相同。

正手吊球

劈吊

动作与击后场高远球基本相同，只有击球瞬间拍面的角度存在差异。击球时，拍面正面向内倾斜，主要靠手腕、手指控制力量，手腕做快速切削下压，手指转动球拍以斜面“击出”球托右部的后侧，并向下方送球。劈吊直线球时，拍面的“包切”动作要小一些，击球瞬间以斜拍面击球托后部右侧偏中

的位置；若是后场劈吊斜线球时，则球拍“包切”动作要大一些，几乎是向左前下方侧击球托的右侧部分。击劈吊球的关键是用力方向朝下，使球越网后即下落。击球后，球拍随惯性自然回收至胸前。

轻吊

击球时，轻吊的拍面变化同劈吊基本相同，但用力要更轻些；另一种方法是击球时，拍面正击球托或借助于来球的反弹力用球拍轻挡，使球过网后贴网而下。后者多用于拦截对方来的平高球和半场高球。轻吊也可以按情况选择击出直线轻吊和斜线轻吊。

❖ 头顶吊球

头顶吊球指击球者用正拍面还击持拍手身体异侧的来球。头顶直线吊球其击球前的动作与头顶击直线高远球一样，不同的是球拍在接触时拍面的变化和力量的运用。击球时，按照正手直线吊球的动作要领，向前轻切球托后下部，使球朝直线方向飞行，越网后立即下落。若要吊斜线球时，球拍正面向外转，切削球托的左侧，朝右前下方发力，使球向对角方向飞行，球越网后立即下落。头顶吊球也可做劈球和轻吊，击球时动作要领同正手吊球一样。

❖ 反手吊球

反手吊球是指击球者用反拍面还击持拍手身体异侧的来球。

反手吊球击球前的动作与反手击高远球相同，不同处在于触球时拍面的掌握和力量的运用。

吊直线球时，小臂上摆，用拇指内侧顶住球拍柄，手腕向后甩腕轻击球托的后下部位，向对方右网前发力，使球的飞行方向朝着直线飞行，越网后即落在对方网前。

吊斜线球时，用球拍面切削球托的左侧，使球沿斜线方向落在对方对角线网前区域。

❖ 羽毛球吊球练习方法

进攻是一种很好的防守状态，因为当你主动进攻时，可以使自己迅速进入比赛状态，从而使自己在赛场上有理想的状态，

进而赢得比赛。虽然吊球不是主要的进攻手段，它没有杀球的敏捷，也没有平快球的迅速，但是吊球在进攻中也会起到非常重要的作用。

吊球也可以在队员防守被动时用来作为过渡球，如今在赛场上，过渡球很常见。

当队员的回球被拦截或处于其他被动的状态时，可能会使自己陷入压制的状态，如果在那时采用过渡球把来球打回对方球场内，就可以稍稍改变自己的被动状态，使自己迅速做好准备，而且也可能因此打乱对手的节奏。

第一阶段：基础阶段。对于初学者，在练习吊球时应多注意看看自己的技术动作是否规范，不需要太在意球的质量，毕竟作

为初学者来说基本技术很重要。首先要保持击球点的高度，换句话说就是在吊球击球时，抬高手腕，使击球点在最高点并使手腕向下压，这样可以使自己发出的球向前且又向下飞行，到达对手的前场区域，当然，在进行吊球时，也要使自己的脚步与身体一致，以达到更好的效果。

第二阶段：在学会基础技术的基础之上，还要了解更多的技术要领和知识，因为学好吊球不是只有简单的基础知识，还

要注意很多方面。例如：

1. 锻炼身体的灵活性，使身体四肢协调。

2. 加快速度，使吊球更有力度。

第三阶段：当你觉得对吊球已经了解得很不错了，那不妨再多深入一些研究吊球，因为学无止境，在相同的技术上，不同的时间和经历也会有不同的体验和感受的。所以当你已经开

始学会打吊球时，要掌握更多的技术要领，认真参透每项技术后面的技巧，体会在吊球时的每一个细节，使吊球能够发挥更大的效果。

熟练地掌握每一个动作是每个练习者必备的技能，当然一成不变是不行的，要想使吊球有更好的效果，可以在原有的技术上，加入一些新的元素，比如说，可以在击球时，增加滑拍动作和切球动作，当然也可以根据个人喜好改变力量。另外，也可以在吊球的路线上进行训练，增加球落点的对角路线的练习，或者是在头顶吊直线和正手区吊直线时采用切击的方式进行训练，在头顶吊对角线时采用滑拍的方式练习。

不同的训练方式，可以打出不同效果的吊球，且训练要分为两项：

1. 熟练掌握吊球技术及理解。

2. 经常在进行吊球训练时进行滑拍和切球练习。

第四阶段：专业阶段。在这个阶段，一般都要求有很高的吊球水平，因为第四阶段主要是针对专业的运动员的，而且在这个阶段也会对运动员的要求越来越严格，动作更细和技术更好。当然，中级的运动员也可以加入训练，但对于一个中级学者来说，最重要的是加强本身控制球的能力，使身体协调运动，并保持稳定。

❖ 吊球容易出现的错误及纠正方法

1. 击球点低时，造成球不过网。

纠正方法：用一细绳将球挂在适当的高度，掌握击球点。不要追求力量，先提高准确性，逐渐加力。

2. 不是用“切削”动作击球，而是往上拉球拍。

纠正动作：按照动作要领，反复做原地挥拍练习。

3. 击球的准备动作明显与击高远球不同，致使对方有所准备。

纠正动作：学习滑板吊球动作，反复做原地挥拍练习，并用一根细绳将球挂在适当的高度，反复做击球练习。

❖ 接吊球学习步骤

1. 在正手挑球技术基础上，由多球挑到多球定向挑再到接挑球。

2. 在反手挑球技术基础上，由多球反手挑到多球定向挑，最后再反手接挑球。

可以按照以下顺序对照检查动作环节：

握拍方法——指法——手腕动作——前臂动作——上臂动作——躯干、腰腹动作——腿部动作。

杀球训练

杀球就是把对方击来的高球全力向下扣压的技术。这种球力量大，弧线直，落地快，给对方的威胁很大。它是进攻的主要技术。杀球分为正手杀直线和对角线球、头顶杀直线和对角线球、正手腾空突击杀直线球和反手杀直线球。

❖ 正手杀直线球

正手杀直线球（侧身起跳）的准备姿势和动作要领与正手击高球大体相同。

到位后，屈膝下降重心，准备起跳。侧身起跳时，往右上方提肩带动上臂、前臂和球拍上举，以便向上伸展身体。

起跳后，身体后仰挺胸成反弓形。接着右上臂往右后上摆起，前臂自然后摆，手腕后伸，前臂带动球拍由上往后下挥动，这时握拍要松。随后凌空转体收腹带动右上臂往右上摆起，肘部领先，前臂全速往前上挥动，带动球拍高速前挥。

当击球点在肩的前上方时，前臂内旋，腕前屈微收，闪腕发力杀球。这时手指要突然抓紧拍柄，把手腕的爆发力集中到击球点上。球拍和击球方向水平面的夹角小于 90 度，球拍正面击球托的后部，使球直线下行。

杀球后，前臂随惯性往体前收。在回位过程中将球拍回收至胸前。

小贴士

1. 击球点在肩的前上方，闪腕发力。

2. 手指要紧握拍柄。

3. 把手腕的爆发力集中到击球点上。

❖ 正手杀对角线球

正手杀对角线球（侧身起跳）的准备姿势和动作要领与正手杀直线球相同。不同点是起跳后身体向左前方转动用力，协助手臂向对角方向击球。

❖ 头顶杀直线和对角线球

动作要领和准备姿势与头顶击高球相同。不同点是挥拍击球时，要集中全力往直线方向或对角方向下压，球拍面和击球方向水平面的夹角小于 90 度。

头顶杀直线球

准备姿势同头顶击高球，不同之处是挥拍击球时，大臂、前臂、手腕的鞭打动作主要靠腰腹力量来完成，并且在下方击直线球，拍面和击球用力方向水平面的夹角小于 90 度。

头顶杀对角线球

准备姿势同头顶击高球。技术动作同头顶杀直线球，不同之处在于全力向对角线下方击球。

❖ 反手杀直线球

准备姿势和动作要领与反拍击高球相同。不同点是击球前的挥拍力量要大，身体反弓加上手臂、手腕的延伸，外展的鞭打用力，看准对方的直线或斜线下方，击球瞬间球拍与杀球方

向的水平面夹角小于 90 度。

❖ 正手腾空突击杀直线球

腾空突击杀直线球动作方法，采用正手握拍法，侧身右脚后退一步准备起跳。起跳后，身体向右后方腾起，上身右后仰或反弓形，右臂右上抬，肩尽量后拉。

击球时，前臂全速往上摆起，手腕从后伸经前臂内旋至屈收，同时握紧球拍压腕产生爆发力，高速向前下击球。

突击扣杀后，右脚在右侧着地屈膝缓冲，重心在右脚前，即刻回动；如果球在左侧边飞来，则用左脚向左侧上方起跳使身体向左侧上空腾起，肘关节高举靠近头部，举拍于头后，到最高点时，主要以前臂内旋和手腕快速挥拍扣杀球。

扣杀后，利用左脚蹬地向中心位置回动，手臂随惯性自然往体前回收。

小贴士

1. 起跳后利用腰腹的力量，使身体后仰挺胸成反弓形。

2. 在触球的一刹那，用强劲的“爆发力”向下猛压。

❖ 杀球的学习步骤

1. 根据动作要领，在原地进行挥拍练习。注意握拍要正确，引拍要合理。收腹后仰挺胸动作要协调。

2. 用细绳将球固定在合适的高度，反复练习杀球动作。

3. 杀球时先不要追求力量，先要落点，准确性提高后，逐渐加力。

4. 后撤步“起跳转体”90 度，并完成击杀球的挥臂动作。

5. 进行多球杀球练习。由原地完成动作到移动完成动作，再到起跳完成动作，最后在线路上要求（斜线、直线）。

❖ 杀球容易出现的错误及纠正方法

1. 准备扣杀时，精神和肌肉过于紧张，使不出劲来。

纠正方法：根据动作要领，反复在原地进行挥拍练习。并在杀球时先体会正确动作，然后再追求力量。

2. 击球时“压腕”不够，使得球向下的速度太慢。

纠正方法：首先根据动作

要领，反复在原地做挥拍练习，然后再用一根细绳将球固定在适当的高度，反复做杀球动作，体会“压腕”动作。

3. 击球点低，导致杀球落网，不能到达所要求的位置。

纠正方法：先提高准确性后再追求力量，并逐渐加力。

4. 击球点偏后，在击球时会出现手臂弯曲，不能全身协调用力的问题。

纠正方法：根据动作要领，反复做原地挥拍练习，感受手臂的动作。

❖ 杀球小技巧

杀球要适时

杀球能够快速结束比赛，但要合理进行杀球，否则会达到相反的效果，合理的杀球会使对方无法在短的时间内适应你的杀球节奏而形成有效的反击。

杀球注意力度

杀球时应该有轻有重，有缓有急。比如，一拍、两拍发力，在对手熟悉了你的缓慢击球时，突然进行轻杀，就会使对方的防守节奏变得混乱，以此达到意想不到的效果。

杀球的落点调整

杀球时不要盯住一个点杀，而要不断地调整杀球落点。

杀球要富于变化

当对手的杀球能力较强时，可以在对方接了一两次杀球时，趁着对方的重心在下，然后在扣杀动作的掩护下，使用平高球过顶或轻吊小球过网，这样就可以达到破坏对方接杀的目的了。

善于发现对方接杀的习惯

比如，当发现一个喜欢用右下手来接杀的对手时，他在接杀前，由于习惯动作往往会下意识地向右移动，这时，如果您想杀追身球的话，就要提高杀球的速度和力量，并把球直接杀往他的左肩下，就可以达到目的。

对于喜欢用上手接杀回击的对手，因为对方技术动作所限，往往蹲得较低，这时宜于在强攻的基础上结合平高球和小球，会产生比杀球更好的效果。因为蹲姿较低的人启动较难，而起

跳拦截却不太受影响。

对于反应敏捷，但是手腕力量有限，挥拍速度较慢，不能将球回击到你的后场的运动员，必须注意：重点注意快速扑杀他的第二点（网上小球），不能掉以轻心；质量不好的重杀反而可以让对方借力反弹，杀得越重，挑起的球就会越远。

搓球训练

击球时，拍面稍前倾，利用手腕和手指的力量向前切削球托底部，使球击出后旋转或滚动过网。搓球通常在对方来球较靠近网上时运用。搓球是一种从一般放网前球技术基础上发展起来的富有攻击性的网前技术。

搓球是羽毛球运动技术中特别细腻的一种击球技术，如

要仔细分辨，方法多种多样。但从击球的方位上，则可以分为正手搓球和反手搓球。从挥拍的路线上，则可分为切磋球和挑搓球。

❖ 正手搓球

运用正手上网步法向击球方向移动，在击球时前臂外旋，手腕从后向前挥动，用食指和拇指握紧球拍，中指、无名指和小指

轻握拍柄。在手腕和手指的共同用力下，用球拍切球的右下底部，使球能够旋转翻滚过网。挥拍的用力大小、速度快慢和拍面击球角度大小，这都取决于来球离网的远近和速度的快慢。

❖ 反手搓球

同正手搓球相反，运用反手上网步法向击球方向移动，正手握拍也改为反手握拍。击球前，前臂上举，手腕前屈，手背大约与球网同高，但拍面低于网顶，然后用反拍拍面迎球。击球瞬间，主要靠前臂向前伸并且外旋，手腕也由内收至外展，同时搓切球托的右侧后底部，拍面应有一定的斜度。

❖ 搓球的分解动作（以正手搓球为例）

准备动作：运用正手上网步法向击球的方向移动，并且使右脚向前蹬跨，持拍手也向来球方向伸出，争取高的击球点。左手向后摆来保持身体的平衡，呈击球前的准备姿势。

引拍动作：在伸拍的同时，前臂向外旋做半圆形的引拍动作。

击球动作：当球拍举至最高点时，前臂开始外旋转动，手腕稍后伸，搓切球的右下底部，使球翻转过网。左臂自然后伸，起平衡作用。

击球后动作：击球后，手腕控制一下动作。在右脚落地后，立即变回准备动作，击球手臂回收至胸前，准备击下一个来球。

❖ 搓球要领

羽毛球技术中，以搓球对手感的要求最高，也最需要花时间磨，练好搓球，练其他技术也就更得心应手了。

搓球方式有一种是对搓（两人在网的两边的场地上，相互进行搓球），另一种是抛搓（一个人在网的一边向对方抛球，另一个人在网的另一边进行搓球），这两种方式需要一起练习，只练一种会达不到想要的效果，而且，这两种球的方式对运动员的要求不一样，所以不能只选其一。当然，在实际的训练中，一般以两人隔网相互搓球的方式比较常用。

对搓练习要求运动员掌握许多技巧，还有各种旋球的规律，在比赛中，要想获得主动，需要尽可能地抢高点的搓球。另外，在搓球时选用拍头部分进行搓球效果会比其他球拍部分好。

搓球需要击球角度、手腕力量的统一，还需要尽量使用拍头部分进行搓球。在实地的训练中，要刚柔相济，也就是在搓球时需要加大力度，但又要求灵活度和手腕旋转的柔软度，这样可以充分提高身体各种机能在运动中达到最好的状态。在搓球时，眼睛要盯着羽毛球，在球达到一定高度时，找准球托，击出一个好球。

要想完全掌握搓球技术，需要常常练习，这样就可以培养出手感，使自己即使在比赛现场中也能够运用自如。

❖ 常见的错误及纠正方法

1. 击球时，羽毛球拍面向后仰的角度不够。

纠正方法：两人之间进行来回的慢搓球训练，熟悉且掌握拍面后仰前送的动作。

2. 击球不在点上，没有击到球托的正确位置，球不翻转。

纠正方法：两人之间练习对搓，使拍面能够击在正确位置上，进而体会拍面击球托的动作。

3. 弹击球，握拍太紧，动作僵硬。

纠正方法：多次练习搓球，熟悉手臂放松的感觉。

4. 动作过大，用前臂弹击球。

纠正方法：根据搓球的要求，多次进行训练，体验手腕动作。

❖ 搓球技术动作练习

1. 原地搓小球挥拍练习：每组进行搓球 10 ～ 15 次，在完成一组的搓球训练之后交换任务，这样来回练习 2 ～ 5 组。

2. 跨步击球练习：每组进行跨步击球 10 ～ 15 次，在完成跨步击球后再交换任务，练习 2 ～ 5 组。练习过程中，要掌握正确的击球动作，并学会移动击球的衔接。而且在击球时，动作要小，并加快挥拍的速度。

3. 多球练习：一人站在网前抛网前球，一人接球并练习搓球。每组 20 次，练习 3 组。这样主要是为了提高原地搓球的稳定性。

4. 定点对搓练习：与多球练习的方法大致相同，不同的是多了练习者搓球后回中的动作，然后进行反复上网搓球。继续稳定动作使之定型，并提高移动击球的能力。

5. 不定点搓球练习：一人站在网前的中间位置，将球向练习者的网前两点随机抛出，练习者运用搓球技术进行回击。反

复练习，但要注意上网搓球的速度与退回的能力。

勾球训练

勾球就是把在本方右（左）边的网前球勾到对方左（右）边的网前去的技术动作，其实也就是勾对角线球。击球员在中、前场区，在肩部以下的击球点位置，将来球以斜线还击给对方近网区域的击球方法的统称。一般，勾球分为正手网前勾球和反手网前勾球。

❖ 正手网前勾对角线球

准备动作：勾球技术的准备动作要和其他前场技术的准备动作尽可能做得一样，目的是为了形成动作的一致性，混淆对方的判断力。

从击球点来看，勾球技术进攻性不是很强，要想让对手来回跑动，只有利用回球线路的变化。通常击球点在球网的中部偏下，所以当运动员移动上网时，重心一定要稳，且把重心放低。

引拍动作：勾球技术的引拍需要手腕和肘部位置的变化来调整击球点和击球的拍面。上网伸拍时，要求拍面斜对着球网，而击球方向则是侧对球网。引拍时，拍面及时地改变方向。

击球动作：利用并步加蹬跨步上右网前。球拍随前臂往右前斜上举。在前臂前伸时稍有外旋，手腕微后伸，握拍手将拍柄稍向外捻动，使拇指贴在拍柄的宽面上，食指的第二指关节贴在拍柄背面的宽面上，拍柄不触掌心。球拍随着向右侧前挥动，拍面朝着对方右网前。

击球时，靠前臂稍有内旋往左拉收，手腕由稍后伸至内收闪腕，挥拍拨击球托的右侧下部，使球向对方网前掠网坠落。击球后，球拍回收至右肩前。

❖ 反手网前勾对角线球

准备动作：首先要求反手握拍。鉴于勾球动作小，所以很少使用大拇指的推力。勾球时，也仅仅使用大拇指的内侧向里拨送勾球。

引拍动作：和正手勾球动作的引拍动作基本相同，要求手腕向下沉，并且肘部向身体方向回收。

击球动作：站在左网前，反手握拍前平举。在身体前移的过程中，球拍随手臂下沉至离网顶

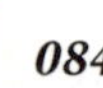

20 厘米处，握拍变成反拍勾球握拍法，拍面正对来球。当来球过网时，肘部突然下沉，同时前臂稍外旋，手腕稍屈至后伸闪腕，拇指内侧和中指把拍柄往右侧一拉，其他手指突然握紧拍柄，拨击球托的左侧后部，使球沿对角线飞越过网。击球后，球拍往右侧前回收。

小贴士

注意握拍的灵活性。

❖ 网前勾对角线球的要点

羽毛球的网前击球动作基本上都是伸直手臂，靠手指控制完成的。勾对角略有不同，在击球瞬间要略微弯曲手臂。正手勾对角的要领是手臂内旋，同时肘关节略微下沉，手指要调整好击球角度；反手勾对角也要求在击球瞬间肘关节略下沉，但手臂击球时是外旋的。

为什么要肘关节略微下沉呢？大家可以比较一下下沉和不下沉的时候球拍的轨迹：下沉的时候，可以保证球拍以一个比较平的弧线挥出；不下沉的时候，球拍会以一个曲度

较大的轨迹挥出，后者击出的对角球是慢而弧度大的，容易给对手扑球的机会。

击球点也有些讲究，就是不要太靠身体中线以外（对于初学者而言，击球点尽量不要超过身体中线），这样手臂伸直是很难保证击球瞬间肘关节略沉的。肘关节略沉的时候，就将身体稍微拉近了击球点，这样勾球的质量相对就高一点。

击球击在球体侧面，即同时击中羽毛及球托，这样控球效果最稳定（只击球托勾对角的话较难控制球的落点，但手感提升后可以尝试切击球托的方法勾对角）。

练习的时候可以与同伴隔网对练，但效果不如“抛球即勾”的效果好；留意拍框的轨迹，要尽量保持在一个水平上（大致与球网同高），避免明显的抛物线轨迹。

正手勾球，手腕向后弯，掌握好拍面角度，触球瞬间抖手腕，一定要突然发力，才有效果。反手勾球，手腕向内弯，其余同正手相同。

关键都在手腕上，自己要多打，更重要的是多琢磨。

❖ 正手勾对角线球的常见错误及纠正方法

1. 伸拍太直，手腕抬得过高，使得过网的高度多变。击球时，球拍和击球点的位置在一个水平面上，这样增大了过网的高度，同时也加大了难度。

纠正方法：引拍时，手腕下沉，使拍头向上。这样，就可以很好地控制球过网的角度。

2. 击球时间把握不准。虽然挥拍的动作正确，但击球的时间不准确，使得拍面位置也不准确，导致球落点离网较远，不能够起到应有的效果。

纠正方法：提前引拍，在挥拍击球时，下沉手腕。

❖ 正手勾对角线球的练习方法

过网高度练习

用下沉手腕、直立拍头的方式来实现控制过网高度。当拍面角度直立时，球可以过网高，同样的，如果把拍面上扬，球的高度就会高些。另外，我们不做引拍动作，球拍直立，进行多球练习，掌握勾球过网的高度。

击球力度的练习

依靠手腕和手指来完成击球力度的练习。利用手腕来控制方向，利用手指来控制球的飞行速度和距离。所以在击球时，拍面控制稳定后，凭借手指的力度来推送击球。

贴近球网练习

贴近球网的勾球会加大对手回球的难度。为了练习贴近球网的勾球，在击球时，要保持拍面与球网之间是垂直的。

斜拍面切击练习

练习方法为原地进行多球勾球练习。击球时，加大手腕向外旋转的力度，使拍面对球托的右外侧进行切击。

固定目标反向瞄准练习

在固定的勾球落点区域放入一个物体作为目标，向目标击球。在每次练习完勾球后，在球的落点和物体之间画上直线，并将直线延长到落点和物体之间的相同距离。而在每条直线末端就是新的击球目标。

❖ 反手网前勾对角线球常见错误及纠正方法

1. 大拇指推送。虽然使用了反手握拍，但大拇指太过用力推送击球，使得球过网较远。

纠正方法：首先要改变握拍的方法，然后再按照勾球的要领，利用大拇指的内侧来接触拍柄，也就是利用大拇指内侧来发力击球。

2. 手腕僵硬。击球时不能使用手腕和手指的动作，采用前臂的挥动击球，击球力量和落点控制不稳定。

纠正方法：手腕放松，击球时采用手指发力的方式。

3. 切击球的错误。勾球时，没有控制切击球的距离。因为离球网越远，落点就越难控制。

纠正方法：在近网勾球时采用切击，在远网勾球时使用手腕外旋击球。

❖ 反手网前勾对角线球的练习方法

挥拍练习

正手勾球相结合进行挥拍练习。在练习过程中了解手腕的变化及配合肘部动作。

正反手挥拍各 20 次，练习 3 组。

多球勾球练习

在原地进行多球勾球的练习，这样就能提高对拍面的控制。

勾、放结合练习

不论是勾球还是放球，他们都属于前场技术。由于两者的引拍和击球动作不一样，通过交替练习可以提高手腕的灵活度。

勾、挑结合练习

挑球技术是球拍向前送，发力较大；勾球技术则是指向斜线，力量小。在这两种不同动作的作用下，结合练习时，就会加大灵活性和控制的难度。开始的时候，首先进行交替练习。熟练掌握后，可以根据要求和比赛规则来决定选择哪一种。

推球训练

推球是指击球员在网前较高的击球点，以比较低平的弧线，用直线或斜线将来球还击到对方场区端线附近两角的一种进攻性技术。

实战中，推球的战术作用如能与搓球、勾对角球等技术配合运用，由于其出手后球的弧线较平，飞行速度较快，往往能迫使对方退至底线。用低手比较被动地还击，从而为自己创造更有利的进攻得分机会。

但推球同时也是一项对运用时机需要准确把握的技术方法，一旦运用不当，极易遭到对方的反击而转入被

动或失分。

推球分为正手推球和反手推球，均有准备动作、引拍动作、击球动作及随前动作组成。其中，击球动作是关键。

❖ 正手推球

准备动作：和挑球相似。推球的击球点稍高，因此在做准备动作时重心随身体移动即可，不需要刻意降低。在准备时要全神贯注，这样才能有快速的启动，便于抢高手位进行击球。

引拍动作：以右手持球拍为例，当球拍向右前方快速伸拍时，我们的前臂也要同时向外旋，手腕外展。

击球动作：站在右网前，球拍向右侧前稍稍向上举。同时微屈肘关节，并在肘关节回收时，前臂稍外旋，手腕随身体动作稍向后撤，球拍由于惯性往右下后摆，保持拍面正对来球。这时，保持小指和无名指呈放松状态，使拍柄与小鱼际保持一段距离，同时使拇指和食指向外捻动拍柄，加大拍面的后仰。推球时，身体随之向前移动，右前臂在往前伸时要内旋，运用手腕和手指来控制拍面角度，当伸直手腕后要闪腕，保持食指向前压的同时，小指和无名指突然握紧拍柄。然后挥动球拍从右前到左下，使球沿边线飞向对方后场底角。在挥动过程中，球拍回收。

❖ 反手推球

准备动作：在基本站位上，保持右脚在左前方，这样可以随时接左前方的高手位球。为了能够快速引拍击球，可以运用反手握拍技术。

引拍动作：手臂自然向左前方伸拍且快速，稍屈肘，手腕外展。

击球动作：站在左网前，用反手握拍，并使前臂稍往前上方伸举。前臂向左胸前收引，肘关节微屈，手腕外展时，成为反手推球的握拍法，球拍松握，反拍面迎球。前臂前伸并带外旋，手腕向外展时并伸直闪腕，突然用中指、无名指和小指握紧拍柄，拇指顶压，往右前方挥拍时，击球后，手臂回收，迅速恢复到击球前的准备姿势。

小贴士

1. 伸腕或屈腕动作要小。

2. 动作要突然、快速，拍面对着出球方向。

❖ 常见错误及纠正方法

1. 正手推球时手腕向后引的力量不足。在做正手推球动作伸拍时，由于在快速击球时会有伸腕动作，这样造成了后引空

间的不足，增加了后伸动作的难度。

纠正方法：首先保持肢体动作的放松，这样可以使手腕的灵活度提高。同时也要使肘部协调发力，以此来增加手腕后伸的空间大小。推球虽然是小的动作和力量，但在放松动作和协调肘部的作用下，就能够快速将球推到对方后场了。

2. 反手推球没有按照要求在击球中用大拇指推送球。由于反手击球要求速度，所以在行进过程中，没有及时转换成反手握拍，这样就使大拇指没有达到推送拍柄的要求。

纠正方法：经常进行正反手转换，时刻要关注握拍的转换。

❖ 推球练习方法

挥拍练习

正手挥拍，前臂挥动较少，主要是靠手腕的向外展引拍，然后使用内旋击球。

反手挥拍相对容易，首先大拇指推送，手腕内收，然后使前臂外旋的动作增大。

对球练习

用很小的力量练习击球，一人扔球，一人推球练习。控制手腕和手指的爆发力。

控制落点的练习，一人扔球，一人进行推球练习。练习者朝落点标记处进行推球训练，逐渐加强对球的控制，并且在练习过程中提高对球的飞行弧度和落点的控制。

放、推球练习

一人扔球，一人推球和勾球交替练习。放网力量不要大，引拍动作和勾球相似。在练习中不断地提高动作一致性和动作的转换能力。

推、勾球练习

一人扔球，一人推球和勾球练习。合理使用这两种技术，能够加大对方接起的难度，使对手的防守区变得更大。

扑球训练

扑球是指对方的回球刚越过球网上空时，击球者随即运用跨步或蹬跳步迅速上前，利用前臂、手腕和手指的力量，快速地由高向下将球击回对方场区的一种进攻性技术，也是一种网前直接得分的手段。

如果在比赛中具有良好扑球意识和技能的话，往往能威慑和限制对方运用网前放网或搓球技术，迫使其被动挑高球，从而有利于己方组织进攻。

一般，扑球有正手扑球和反手扑球两种。

❖ 正手网前扑球

右脚蹬步上网，身体稍稍右侧前倾，正拍朝前，手举球拍于右肩上方，随手臂往右前伸。击球时，利用手腕的力量，带动球拍向下扑击球。扑球后，球拍随手臂往右侧前下回收。

击球的力量主要靠身体前扑的冲力与前臂、手腕鞭打击球的合力。如果球离网顶较近，那就要靠手腕从右前平行球网向左前的滑动挥拍扑球，这样可避免球拍触网违例。

❖ 反手扑球

和正手扑球不一样的是右脚先跨至左前，然后再蹬跳上网，同样的是身体右侧前倾，但是反手握拍举至左前上方。当身体向左前方跃起时，球拍随着前臂前伸而前举，手腕外展，拍面正对来球。击球时，前臂伸直外旋带动手腕向内收然后再向外展，靠拇指顶压加速挥拍扑球。当来球是靠近网顶时，手腕可以先外展，然后由左向右拉切击球，这样可以避免触网。击球后，为了缓冲可以右脚

着地，把球拍回收在体前。

❖ 扑球的要领

关键在于判断要准确，反应和启动要快，出手要快，动作幅度要小。正因如此，扑球时主要应依靠手腕和手指的爆发力击球。如果击球点比较接近球网的高度，那么击球挥拍要带有一个横向“抹”的动作，这样才能既扑好球，又避免球拍触网。

首先，要有敏感的意识，能够准确判断来球的方位。这样，就可以在很短的时间内做出扑球动作。例如，在运动中，你把球击到对方场地并贴近球网时，就应该要想到，对方把球击到你后场的可能性几乎为零，所以你所要做的准备是把注意力转移到你的网前，并且身体重心先前移，做好扑网前球的准备。

其次，在比赛时，提高自身的速度和反应能力。做完扑球动作所需要的时间并不长，也就是在移动两三步时就已经完成，在这时，速度就要跟上，所以在日常训练中，加强速度和反应能力的训练，并增强腿部力量，训练腿后蹬、蹦和大跨步的能力。

最后，扑球时应该在手臂向前伸的同时，在最高点进行击球。因为击球主要靠手腕、手臂、手指的能力和速度，所以在

扑球时注意手臂向前伸，这样可以争取到击球的最高点。

小贴士

1. 握拍要灵活，多体会利用手腕和手指的力量，控制球的落点和速度。

2. 最后一步脚落地时，脚掌外翻，处理完球马上右脚保持在前后退还原，保持上网和还原时的连贯性，要有节奏感。

❖ 挑球训练

把对手击来的网前球、吊球以挑高的方式回击到对方后场去，称之为挑球。好的挑球可以为自己赢得更多的防守时间，也给对方的杀球带来困难。相反，质量不好的挑球，则会给对方带来半场杀球的机会。这是被动的防守性技术。一般，挑球分为正手挑球和反手挑球。

❖ 正手挑球

准备动作：正手挑球的准备动作与正手搓球基本相同。双脚与肩同宽站立，右脚在左脚前半个脚的距离；双手平举，双肘距离宽过身体，小臂向内成八字，球拍拍头与胸口正中持平。膝盖微屈，同时提起脚后跟，用脚前掌着地。

小贴士

1. 脚尖垂直于球网，同时膝盖垂直下蹲，脚尖与膝盖都不要成内八字或外八字。

2. 右手举起拍子同时左手也要举起保持平衡。

3. 在发球至球落地的过程中，每次击球结束都要迅速恢复准备动作等待下一个来球。

击球动作：正手握拍举在胸前。右脚向前跨出，左脚在后，侧身向左，重心随身体移到右脚上。右臂向后摆，自然伸腕，使球拍后引。然后在以肘关节为轴的基础上，屈臂内旋，并握紧球拍，在食指及手腕的共同作用下，在向前上方将球击出。挑直线球或是对角线球决定于拍面击球的角度和方向。击球后，身体重心即刻还原成准备姿势。

小贴士

1. 右腿屈膝成弓箭步，右脚脚尖打开（脚尖比身体前进方向更向右方打开）防止脚踝扭伤。

2. 击球时不能屈肘，手腕快速击球且拍面要正对前方，以保证球的飞行轨迹高、远、直。

❖ 反手挑球

准备动作：反手挑球的准备动作与反手搓网前球基本相同。

击球前右臂往左后拉，屈肘引拍至左肩旁，同时右脚随身体向左前跨出一大步，重心放在右脚上。

击球动作：调整至反手握拍，转动腰腹部右脚向左前方迈出一步同时右手屈肘，肘部指向预备击球点，同时左手向后伸出保持身体平衡，手、身体与脚成一直线指向击球点。小臂从下往上挥动至与大臂成一直线后，手腕从后往前上方击打落下的球，并适当使用腰腹力量。球离开拍面后，可依照惯性挥动大臂至上方。右脚转动腰腹部收回的同时左右手收回，恢复准备动作，等待下一次击球。

小贴士

1. 右腿屈膝成弓箭步，右脚脚尖与弓箭步成一直线防止脚踝扭伤。

2. 大拇指竖直击球，击球时不能屈肘。

3. 手腕快速击球且拍面要正对前方，以保证球的飞行轨迹高、远、直，并适当使用腰腹力量。

❖ 挑球应注意的问题

挑球应具备一定的速度

挑球的速度比不上扣杀，但是为了效果在出球时也应该有一定的速度，这样才能达到控制对手、阻碍连续进攻的效果。若接放挑球，而球的飞行速度太慢，就会给对手足够的时间来考虑对策，这样效果就不明显了。

挑球的落点选择在靠近底线的地方

如果接杀球方的挑球质量不高，这样球就只能到达中场，那么就会给对手进攻的机会，而且此时杀球方就会处于被动，防守难度增大。

❖ 练习方法

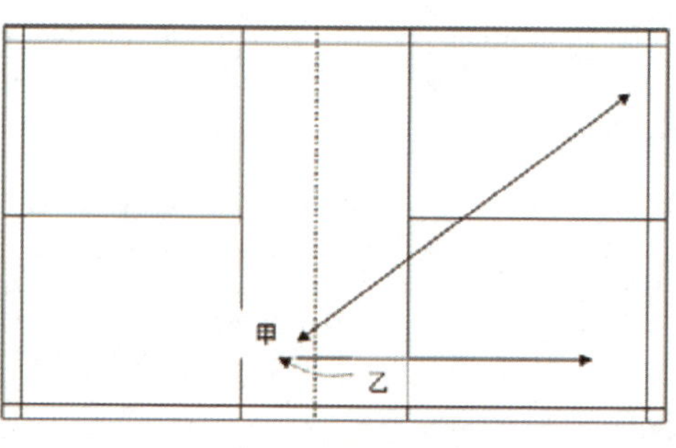

原地挑球

1. 甲站在右前场区边线附近，乙站在自己的左前场区。乙把多球一个接一个轻轻地扔到甲的右前场区域网前，甲站在原地用正手把来球挑到乙的左后场（或右后场）区域内。

2. 甲站在左前场区边线附近，乙站在自己的右前场区。乙把多球一个接一个轻轻地扔到甲的左前场区域网前，甲站在原地用反手把来球挑到乙的右后场（或左后场）区域内。

一点移动上网挑球

1. 乙站在自己的左前场区，把多球一个接一个轻轻地扔到甲的右前场区网前位置，甲从球场中心位置向来球方向移动上网，在右前场区用正手把来球挑到乙的左后场（或右后场）区域内。

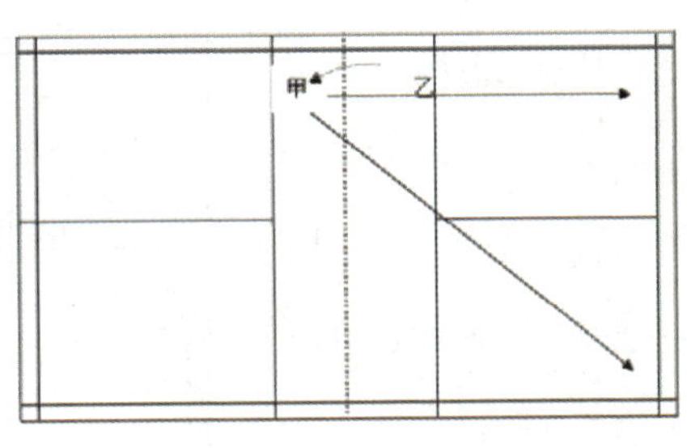

2. 乙站在自己的右前场区，把多球一个接一个轻轻地扔到甲的左前场区网前位置，甲从球场中心位置向来球方向移动上网，在左前场区用反手把来球挑到乙的右后场（或左后场）区域内。

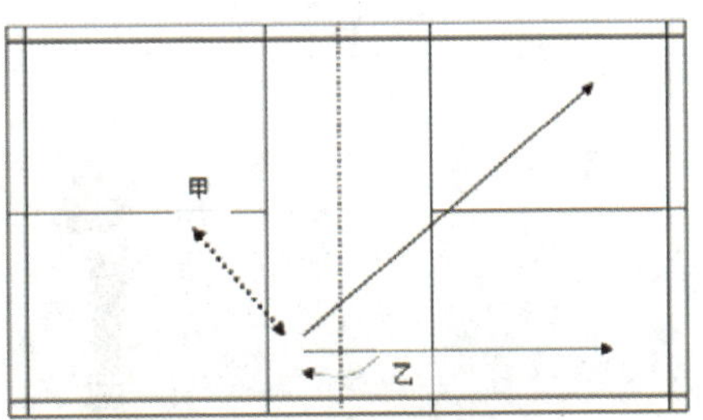

二点移动上网挑球

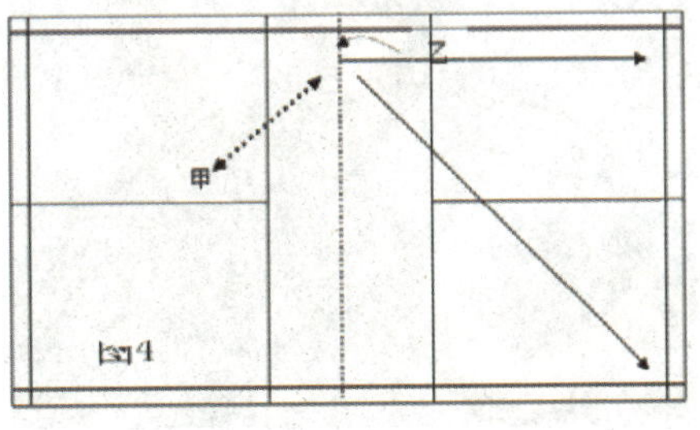

图4

1. 乙站在自己的左前场区，把多球一个接一个轻轻地扔到甲的右前场区网前位置，甲从球场中心

位置向来球方向移动上网，在右前场区用正手把来球挑到乙的左后场（或右后场）区域内。

2. 乙站在自己的右前场区，把多球一个接一个轻轻地扔到甲的左前场区网前位置，甲从球场中心位置向来球方向移动上网，在左前场区用反手把来球挑到乙的右后场（或左后场）区域内。

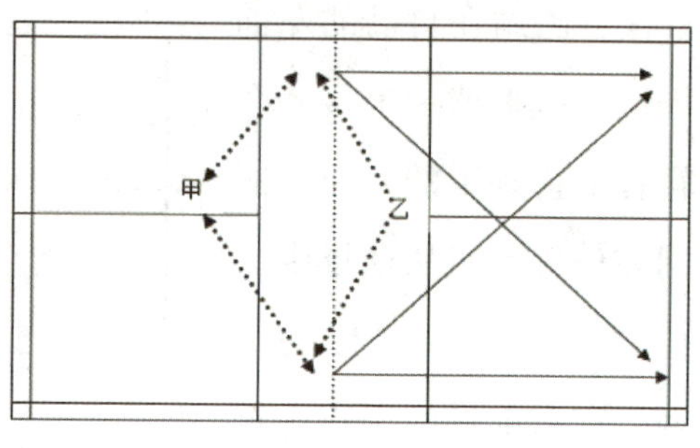

平抽球训练

面对一些刁钻的球，我们可以采用挑球、杀球、扑球等，但面对一些力量不足、质量不好或者是落点不突出的球时，可以采用平抽球来使球及时地过网，当然要有使对方措手不及的意识，把球抽到对方前场贴网附近。

平抽球虽然对手感和技术要求不是很高，但对

反应力和力量要求很高，因为好的平抽球是速度极快的，如果没有很迅速的反应能力和手腕力量，就打不出很好的平抽球。对于平抽球，单打时很简单，就是要求选手有反应力和力量，但是在双打时，就要小心，因为如果搭档之间速度不一致或反攻意识不一致就会造成反效果，也会打破队友之间的节奏，所以在双打时要注意都要有快速的反应能力。抽球是把在身体左、右两侧，肩以下，腰以上的来球平扫过去。平抽球有正手抽球和反手抽球两种。

❖ 正手平抽球

运动员站在右场区的中部，两脚平行开立与肩同宽，重心放于两腿之间，膝盖微微弯曲，使用正手握拍，然后举于右肩前。击球前肘关节前摆，前臂后带时并向外旋，手腕先外展再后伸，引拍到身体后面。击球时，前臂要向内旋，手腕伸直并且闪动，紧握拍柄，球拍由右后往右前方高速平扫抽击来球。击球后，身体随惯性回收，手臂向左摆，左脚同时往左前方迈一步，右脚紧跟一步回中心位置。

❖ 反手平抽球

右脚前交叉在左侧前，重心在左脚侧前。击球前，把肘部稍上抬，前臂向引拍至左侧。击球时，前臂外旋，手腕伸展且挥拍击羽毛球球托的底部。击球后，球拍随身体的惯性，收回到右侧前。

❖ 平抽球的学习步骤

1. 练习平抽球时，握拍可适当上移。

2. 正、反手握拍站在中场区，按照动作要领，做正反手抽球的徒手动作。

3. 利用手抛球进行抽球练习。

4. 两个人隔网站在场地中部，用平抽球互相抽击直线或斜线。

❖ 平抽球容易出现的错误及纠正方法

1. 抽球时重心太高，导致球下网或球速太慢。

纠正方法：握拍可适当上移，移动脚步屈膝使重心下降。并使正、反手握拍站在中场区，按照动作要领，做正反手抽球的徒手动作。两个人隔网站在场地中部，用平抽球互相对抽。

2. 抽出的球弧线太高，容易给对方扑杀的机会。

纠正方法：利用手抛球进行抽球练习。

第三章

羽毛球战术篇

单打战术的应用

要想成为一名高水平的羽毛球运动员，不仅要有扎实的羽毛球技术基本功，而且还要具备良好的战略思想和战术意识。

在羽毛球实战中，技术基本功是基础，战术运用是关键。

在瞬息万变的羽毛球比赛中，运动员能否充分发挥自己的技术，根据自身条件和特点，针对不同对手做出相应的变化，以己之长攻彼之短，制约对手，争取主动，最大限度地发挥出自身特点，把握比赛的主动权，最终赢得比赛的胜利，战术的运用与变化尤为重要。

因此，在掌握基本技术的前提下，熟悉羽毛球单打的战术、单打进攻战术的应变和单打防守战术的应变

等方面的知识对提高单打的实战能力具有很重要的意义。

❖ 单打战术的取位

高球和吊球的取位

如果你在后场回击高球或吊球时，能够打出弧度很平的直线平高球，使回球的质量很高，这时你向球场中心位置回位的移动就不需很大，也就是说不必回到球场中心位置，而只需要稍微向中心位置跟进一点，把注意力放在对方回直线球的位置上，同时提防一下对方回斜线球就可以了。

如果你是回击对方斜线后场球，这时向球场中心位置的移动就要大一些，跟着球移动，重点放在对方回击直线的吊球或后场球上。

总之，如果你压直线球，那么向球场中心位置的回位移动可以小一些；若回斜线球，

回位移动的位置要大一点，跟着回球的方向移动，主要是保护后场直线或网前直线。

杀球的取位

当你在中场附近将对方来球扣杀过去并且质量较高时，你可以直接往前移动，注意封网前。也就是说半场球扣杀时，在主动情况下，把握很大时，可以往前多压一些，杀完就往前跑，准备在网前回击对方来球。

当你在后场位置杀球，杀过去的球质量和位置都不太好时，且对手又有接杀挑后场能力，这时，不要急于往前冲上去等在前场，应先向前垫一小步，先判断对方出球方向，然后再移动。

网前球的取位

当你的搓球或网前小球击球点较高，回球质量很高时，你不一定要马上向后退，因为对方的回球只有两种情况：

一是将球反搓过网；

二是将球向上挑起，如果是向上挑起的话，你有时间向后退。

所以，站位的重点就是防止对

方的反搓。当你搓完球后，可以不往后退，仅稍微向后垫一步，准备封对方回球。如果你的搓球质量不高，打过去的球很高，这时站位又在左（右）前场区域时，对方就很可能要平推后场，这时就要迅速后退，重点防后场球。

总之，当你回击的网前球质量很高时，就不必急于后退，取位重点在前场，争取下一拍进攻。若出球质量不高，位置又不好时，就要稍向后退一点，重心放在后面，但仍须照顾前场区。

接杀球的取位

接杀球的整个位置移动，要跟着出球的路线走。如果回直线球，身体应面对直线这边，侧重点防对方回直线的半区；如果从右（或左）半场回对角线球，身体就要向左（或右）半场区移动。也就是人要跟着球走，你向哪个方向回击球，就应向着回击球的方向移动。

❖ 单打中的发球与接发球战术

随着羽毛球运动越来越受大众的欢迎，不少羽毛球爱好者都希望在运动强身健体的过程中，掌握更多的羽毛球战术，以达到更好的锻炼目的以及获得更多的乐趣。一般，在单打战术中，存在着发球战术和接发球战术。

发球战术

发球具有主动性，可以随自己的意愿进行发球，但必须在规则允许的范围内。运用不同的发球技术，能够使自己在比赛中处于有利地位。因此，在比赛中，取得发球权是非常重要的。

发球，眼睛不要朝下或盯着自己手里拿着的球拍，应注视着对方的情况，找出对方来球的弱点。为了增加获胜的可能性，在比赛中，应该在发各种球时，保持自己的准备姿势和动作要协调一致，这样就可以短时间内给对方带来判断方面的错误，使对方处于被动的状态。发球后，应立即调整姿势，把球拍举至胸前做随时防备姿势，另外可以根据自己的情况来调整自己在防守时的位置，两脚开立，身体重心随着脚步的移动居中。眼睛随时关注对方，观察对方的任何变化，积极准备还击。

1. 发后场高远球

随着近年来羽毛球技术的提高和运动员力量的提升，不少的男单高水平选手甚至部分的女单选手都减少了发后场高远球的次数。印尼的陶菲克、中国的林丹和马来西亚的李宗伟等世

界顶尖运动员后场的双脚起跳正手劈杀都有一击致命的能力，甚至连丹麦女单的拉斯姆森都会使用这项技术，因此为了避免在发球时给对手进攻的机会，运动员们更多地选择发网前球。

但是，作为初学者和一般的羽毛球爱好者，后场高远球仍然是单打中比较常用的发球。发后场高远球，要求发球者把球发到对方端线处，以此来迫使对方不断后退进行还击，给对方进攻增加了一定的难度。高远球运行弧线较高，而且飞行时间长，但是由于离网距离远，球会从高处垂直下落，如果对手在后场进攻技术方面差的话就会较难下压进攻。如果把球发到对方左、右发球区的底线外角处，这样就能调动对方到底线边角防守，这就便于下一拍将球打到对方对角网前时，拉开双方的站位。特别是左场区的底线外角位是对方反手区，更是主要攻击的目标，当然应该注意对手的头顶劈杀或劈吊，像中国的鲍春来在这方面的技术可以说是炉火纯青。

发右场区的底线外角时要提防对方以直线平高球攻击自己的后场反手区。如把球发到对方接发球区底线的左、右半区的内角位，能避免对方以快速的直线攻击自己的两边。

2. 发平高球

发平高球，虽然平高球的飞行弧线较低，但对方为了还击还是要到后场才行。由于球的飞行速度快，这就使得对方没有充裕的时间考虑对策，因此对方回球质量就会受到不小的影响。控制球的飞行弧线时，要根据对方站位的前后、身高、弹跳能力而定，找到球在半途不会被对方拦截的路线。

这种发球，一般在对方移动能力以及弹跳能力不强的情况下使用，而且，在发球时，必须要有隐蔽性，也就是前面说过的动作的一致性，一旦被对方判断对意图，即有可能在半场被高点截杀，直接丢分。

3. 发平快球

不论是发平快球还是平高球，都需要和网前球配合，才能争取到创造第三拍的主动进攻机会。发平快球属于进攻性质的发球，球速比一般发球快，这就成了发球抢攻的战术。由于平快球的球速很快，可以作为突袭手段，如果运用得当，往往能在比赛中取得主动。但当对手有所准备时，也有可能半途拦截球，并且以快制快，发球方反而会很被动。发平快球时，为了使对手措手不及，可以把球的落点放在对方反手区，或直接对准对方的身体。

同发平高球一样，此项发球技术非常注重动作的隐蔽性。这就非常强调应该使用手腕而不是前臂和大臂进行发力。相对而言，发平快球和平高球在双打里的应用会更多一些，当然，在单打比赛时如果使用适当的话，也是可以有很好的效果的。

4. 发网前球

发网前球使对方把球往下压的机会减少，而且发球后会立即进入互相抢攻的局面。为了封住对方攻击自己后场的角度，可以把球发到前发球内角。如果发球到前发球线外角的位置，能够起到调离对方中心位置的作用。当然，发网前球必须要有较好的落点控制能力，而且对第三拍的网前小球技术也有一定的要求，这样才能达到抢攻的效果。但应该提防对方以直线推平球攻击自己的后场反手，如果能够判断对方意图，可用头顶球点杀前场或打平高球攻击对手后场。总之，发网前球应控制好落点，同时为了造成对方被动的状态，可以发对方的追身球。最好在发网前球配合着发底线球，根据现场实际情况调整发球策略与战术，才能有较好的效果。

接发球战术

羽毛球的接发球不像发球，虽然可能处于被动和等待的状态，但由于发球的规则多，使发球带给接发球者的威胁减小。

1. 接发高远球和平高球

接发高远球或平高球时，可以使用平高球、杀球、又或者用吊球来还击。同时也需要一些规则，就像发球站位要求适中一样，进攻时也要保证落点在正确的位置，或在自己想要把球打到的位置。当然，如果采用杀球、吊球进行还击时，要保证自己的速度能够与动作同步。面对对手发高远球、平高球，可用相同的技术进行还击，伺机再攻，或者直接用一些其他技术先困住对方，比如说，劈杀、点杀等，进而扭转被动的局面。当然，最重要的一点是要做好预判，以达到反控制的目的。

2. 接发网前球

接发网前球时，可以用放网前球、平推球或者是挑高球来进行还击。若是对方发自己的正手区，可选择平推直线攻击对手反手后场；当对方发来的球过网后仍然很高时，可以先上网，然后进行扑杀；选择放网前或者挑高球时，应该把接球点尽量抢高，不给对手过多的反应时间，以达到出其不意的目的。

3. 接发平快球

意识要敏感，能够感觉到对方发球的技术，并做好相应的准备，关键是在接发球时做好准备与判断，而且不能盲目发力。

❖ 单打战术

一个羽毛球运动员掌握的技术越全面、熟练、正确和实用，那么他的战术的运用和实现也就越有保证。因此，战术必须建立在熟练和正确地掌握一定数量和质量的技术动作的前提下，伺机在一定的时间和空间条件下，合理地、灵活地组合运用才能构成。

所以，就技术和战术的关系而言，技术是战术的基础，是组成战术所必不可少的基本要素。先进的技术必然促进战术的发展和变化。而战术的不断变化和发展，同样也反过来促进原有技术的更新与发展。它们之间存在着相互联系、互为影响、共同发展的辩证关系。

控后突前战术

采用后场的高远球和平高球，网前的推球和挑球等技术，重复压对方后场两角，造成对方被动，然后伺机采用杀球、吊球、搓球、勾对角球等技术攻击对方空当。此战术用来对付后场技战术进攻能力相对较弱者和后退步法慢或击球后急于上网的球

员较为有效。

控制网前抢球点突击战术

通过运用各种技术主动抢先放网，或迫使对方先放网后再凭借自己良好的网前手法，灵活运用搓、推、勾技术，造成对方网前直接失误，或抓住其被动击球的有利时机进行中后场的杀、劈、吊和网前的扑球得分。

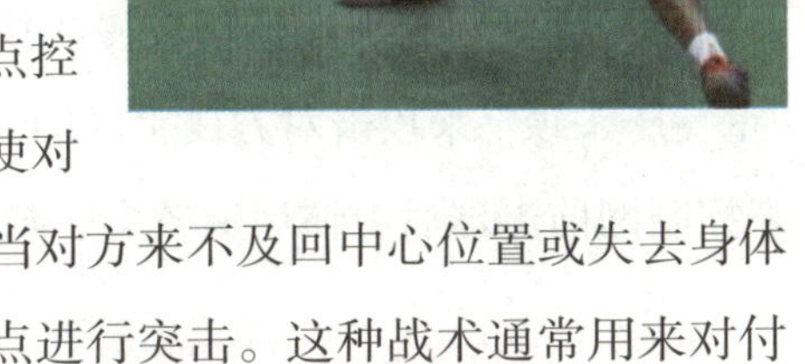

拉开突击战术

先以快速而准确的落点控制对方场区四个角落，迫使对方前后左右地来回奔跑，当对方来不及回中心位置或失去身体平衡时，抓住空当和其弱点进行突击。这种战术通常用来对付步法移动较慢、灵活性和体力较差的球员。

发球抢攻战术

以发网前球或平快球为主，限制对方进攻，迫使对方出高球。然后运用杀球和吊球攻击对方的弱点或空当。发球抢攻战术主要用于对付防守技能较差或后场进攻技能相对较强的对手，从而为自己创造更多的进攻机会。

对角线球路战术

无论在进攻或防守，前场或后场，都是以打对角线球路为主，从而迫使对方球员在移动中多做转体，多走曲线。它主要用来对付场上灵活性较差、转体较慢的球员。

重复球战术

通过自身出球的节奏变化和良好的击球动作一致性，针对对方队员的某一个技术薄弱点，或击球后回中心位置较快的特点，重复地将球攻击到对方场上的某一区域。如运用“重复压后场”战术来对付后场移动较慢或技术相对较差的对手；运用“重复压头顶”来攻击对方反手区的薄弱环节;运用“重复放网”来控制网前击球后习惯后退较多、缺乏封网意识的对手。

❖ 单打技术进攻的运用与变化

抢攻战术的运用与变化

发球抢攻战术通常由发网前球、发平高球和发平射球三种发球战术来实现。因此，在运用发球抢攻战术的时候，一定要

根据对方的站位、反应能力、惯用技术和球路以及当时的思想状态等情况选择适当的发球方法来组织发球抢攻。

如果发球抢攻战术运用合理的话，就可以有效地打乱对方节奏，造成对手措手不及。尤其是在比赛的关键时刻，发球抢攻战术的运用往往会起到意想不到的效果。

但是，发球抢攻战术不能频繁重复使用，必须要与发后场高远球结合起来，将对方的注意力转移到处理后场高球上，此

时再以发球抢攻战术突袭对手，才会收到较好的战术效果。

接发球抢攻战术的运用与变化

接发球抢攻战术是一种非常有效的进攻战术，因为它不容易失分而且也会给对手压力和威胁。运用此战术的前提条件是对方在发球时所发的球质量不高，如发后场高球时球不到位，发网前球时球过网太高，发平射球时速度不快、角度不好或发平高球时节奏乱、弧度不好等，都能形成接发球抢攻的机会，但是如果没有这个前提条件，在进行抢攻时效果就会差好多，

而且不容易得分。

要想获得接发球抢攻战术的成功，必须根据自己的身体条件和技术特点，结合对手的技术特点，在适当的时机果断、合理地进行抢攻。例如，对方发出一个满足上述提及的形成接发球抢攻机会的球的时候，我们就应该马上运用自己掌握的最擅长的接发球技术，抓住对手的弱点，积极地进行接发球抢攻。

但是，在实施接发球抢攻战术的时候，不要急于求成，要缓缓地有组织地进行，而且在决定要抢攻时加快速度，扩大控制面，针对对方的弱点或习惯来逐个击破，给对方以致命的打击。

单项技术进攻的运用与变化

单项技术进攻主要是指运用各种单项技术的重复来组织进攻。在实战中要想运用单项技术来重复组织进攻，首先要掌握好不同单项技术的基本功，使单项技术的运用具有威胁性。

1. 平高球技术的运用与变化

重复使用平高球进行进攻。这种单项技术进攻是通过重复使用平高球来进攻对方同一后场区域，甚至是连续重复数拍，使对手无还击之力或逼对方击出高球，以便使自己能够更好地击球。

这种进攻战术对付回动上网快、控制底线球能力差以及侧身步法较差的选手很容易奏效。

对对手两边的平高球进行进攻。这种单项技术进攻是指连续使用平高球进攻对方后场底线，当然，也可以使用挑球来完成动作。不管是平高球还是挑球，都是为了获得主动权；或逼对方采用被动技术还击，以利我方进行最后一击。

这种进攻战术要求击球方能够控制高球的出手速度、准确的击球和动作的协调一致，且对付回动上网快、在两底线时攻击能力较弱的选手效果明显。

2. 吊球技术的运用与变化

重复吊球。这种单项技术进攻是向两边或一边重复吊球，以求获得攻击的主动权。这种进攻战术对进攻方吊球技术的要求较高，吊球时能够运用假动作，并保持吊球假动作与吊球动作的一致性。可以用于对付上网步法差或是打底线球不到位，又很着急往后退去防守杀球的选手。

慢吊与快吊进攻。所谓慢吊是指球从后场吊球至网前的速度较慢，弧度较大，球的落点距离网比较近的一种近网吊球，也称为软吊。采用慢吊技术进攻，最好与平高球技术相结合运用，这样就可以拉开对方的站位了，有时还可以直接得分。快吊则是指球快速地在后场吊球，然后到网前的速度较快，出球基本达成一直线，落点远离网的一种远网吊球，也称为劈吊。这是在对方站位拉开而身体重心失去控制的一瞬间所采用的一种进攻战术。

3. 杀球技术的运用与变化

重复杀球进攻。如果遇到的对手是在防守时习惯运用反拉后场球技术的话，你就可以运用重复杀球进攻战术。运用这种进攻战术的时候，首先要知道你的对手是否有这种习惯，如果有这种习惯，就可以使用轻杀或短杀进行组织进

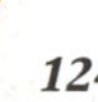

攻，同时在杀球后保持稳定，不要急于上网，需要及时调整好自己的状态及站位，以利完成连续重复杀球的进攻。

长杀球与短杀球结合的进攻。长杀是指杀球时把球的落点杀到对方双打后发球线附近位置的球；短杀则是指杀球时把球的落点杀到中场附近位置的球。在进行杀球的时候，有意识地将球的落点进行变化，组织“直线长杀，对角短杀”的进攻。这种进攻比起无落点变化的杀球或者是直线短杀、对角长杀而言，其效果会更好，因为“直线长杀结合对角短杀”的进攻可以造成对方在接杀球时需要在场地上进行大的运动，同时也给对手造成了防守上的难度。

重杀与轻杀结合的进攻。半场重杀、后场轻杀就是这一进攻战术的概括。在赛场上，如果由于自己使用拉吊的形式创造出给以进攻半场球的机会时，需要采用重杀战术。同样的，如果对手把球打到我方后场，可以采用轻杀进行还击。

4. 搓球技术进攻的运用与变化

当碰到对方上网搓球之后习惯很快退后的对手时，我方就可以不断地使用搓球战术，达到获得主动的机会及破坏对方后退进攻的意图。

5. 两边勾球技术进攻的运用与变化

当运动员勾对角线球时，对方会一次直线搓球，而在这时他们的步法也后退了，当对方再想要进攻时，我们还可以再进行一次勾对角线球。当然，这种战术并不适合所有的选手，只有用在转体比较差的选手身上才能够取得胜利，所以在选用这种技术时，要根据实际来操作。

6. 推球技术进攻的运用与变化

在比赛时，如果碰到对手为了拦截在网前的球而从后场跑到前场时，我们就可以采用重复推球进行还击。而利用这种战术，在反手网前推直线球时会出现更大的危险。

组合技术的进攻战术运用与变化

1. 以平高球开始组织的进攻战术

在单打比赛中，通常把抢球分为三步，第一步是控制与反控制，第二步就是主动出击，而第三步就是最后反击。例如，我方在后场区击球，使球过网并贴网而下时，对手为了击到球，就会上前进行挑球，而这就在我们的控制之中了，对手为了摆脱这种情况也许会在挑球后进行大力的扣杀或平抽球，想要以此来反控制我方，获得赛场上的主动权。我方选手对快速过来的球进行还击，采用重复的平高球进行还击，从而使对手因为在发网前球时没有能够及时回来的身体不能及时进行有力的反击，这样我们就取得了主动权，然后我们在此基础上，继续发出劈吊球来掌控整个球局并迅速地采用吊劈对角球。此时，对手已经处于被动状态，他们会回直线网前球，而误导对手视线，取得最后的胜利。

2. 以吊劈开始组织进攻的战术

所谓的吊杀控制网前进攻战术也就是以吊劈开始组织进攻的战术。其中包括了上网吊搓创造突击进攻战术、上网吊推创造突击进攻战术和上网吊勾创造进攻的战术以及吊杀进攻战术等，采用这种战术需要一定的条件：

首先就是自己技术要过关，能够熟练掌握吊劈球技术。

其次就是选择在对手上网能力比较弱时使用。

最后就是为了阻碍对手发挥后场进攻的威力。

3. 以杀劈开始组织进攻的战术

这种战术是在具有很强的抢攻能力的队员中常见的战术。使用这种战术有很多的要求，首先必须有很快的速度和很强的忍耐力，并且能够很好地控制上网技术和步法。如果这种战术练习好了，就会发挥很大的威力。在 20 世纪 60 年代时，我国的方凯祥就已经运用这种战术，但就目前来看，我国能够很好地运用这种战术的人已经很少见了。会这种战术的人在其他国家也有，比如说印尼，以阿尔比为代表，他能够迅速地在杀球或劈球后上网搓或推。

4. 以控制网前球开始组织进攻战术

如果对方经常发网前球，我们应该从控制网前球开始组织

进攻。首先最基本的是运动员有很快的速度和正确的上网步法，当然，一些搓球、勾球等技术也是必不可少的。

以路线和区域组成进攻战术的应变

1. 对角路线的进攻战术

利用对角线作为基本的组织战术，在此基础上可以使用任何技术。比如说，对方打直线球时，我们回击以对角线球，可以减缓对手的速度，特别是对一些转体比较差的人更能取得明

显的效果。当然，要灵活使用这种战术，因为如果对方看出规律，就会使自己处于不利的地位。

2. 三角路线的进攻战术

采用这种战术，也就是对手打直线球，我们打斜线球，相反的，对手打斜线球，我们就打直线球，这种战术使对手在自己场区里不断地移动，这样就增大了难度。在运动过程中，如果在对方的打球路线中发现规律，就可以采用三角路线的进攻战术。

3. 攻后场反手区进攻战术

如果对手在反手区的能力较弱，比如，反手持拍技术很差、侧身步法不灵活、回击头顶球之后位置易被拉开，头顶区球路死板等，虽然存在很小的威胁，但如果采用攻后场反手区进攻战术，就会大大提高胜算。

4. 攻后场正手区进攻战术

和攻后场反手区进攻战术相反，这样的战术主要是针对对手后场正手区较弱来说的，比如说，正手侧身步法差等，可以以此来增加胜算。

5. 攻后场两边的进攻战术

针对对方后场两边有很大的弱点。如在后退过程中，步法较慢，后场手法差，不论是进攻还是防守能力都比较弱，这是采用重复压对方两底线战术以达到更好的效果。

6. 攻前场区进攻战术

针对对方前场区较弱，如上网速度慢，步法有缺陷，前场手法差，从前场击出的球路差，球的质量不高等，可以选择采用这一战术。

❖ 单打防守战术的运用与变化

防守战术具有一定的原则，“积极防守”“防守反攻”，而不是“消极防守”。因此要达到“积极防守”“防守反攻”的目的，就要在处于防守状态时，通过调整战术，进而使自己在整个比赛局势中化被动为主动，取得赛场上的主动权。但这也同样需要一些技术，比如说，技术要领熟练、步法灵活准确、反应能力迅速、反手能力强等。同时也应该能够很好地进行反挡底线球、勾对角球、挡及反抽球等，这样才能使“防守反攻”和“积

极防守”的战术发挥出更好的效果。

打两底线高远球的防守战术

打两底线平高球是属于进攻战术，而打两底线高远球是属于防守战术。在运用平高球与高远球时，要记得两者的区别，不能将两者混淆了，因为它们代表着进攻和防守。这样，就可以在进攻时使用平高球，防守时使用高远球，否则就会出现混乱，达不到想要的效果。

采用勾对角网前结合挡直线网前或半场球的防守战术

一般，在防守中，大都采用勾对角网前球战术加挡直线，因为这样可以使防守战术更加坚固且灵活，也能加大对对手的威胁。当然，这不是什么人都可以很好地运用的，还需要运动员有极强的意识和判断力，还要有反应能力，能够在球来时，迅速判断球的落点，并积极做出反应。

双打战术的应用

❖ 双打的站位

根据双打的后发球线比单打短的原理，在双打中若发高远球，接发球方可以通过进行扣杀球来争取主动，同时也会把对手的威胁降到最低。而这样，就说明站位非常重要，有一个好的站位就会在比赛中获得主动，同时也会影响团队的胜利以及发球质量等。双打的站位，如果安排合理，就能够使队员之间的默契完全体现出来，而且也能加大胜算。

发球站位

发球的站位不同，对发球的飞行路线、弧线、落点和第三拍的击球都有影响。

1. 发球者紧靠前发球线和中线

当反手发网前内角时，通常选择靠近发球线和中路的位置，此时球过网后就会使球托向下，这样就不易被对方扑击。这种站位较靠前，虽然方便了在第三拍时能够封网，但同时也出现

了问题，比如说，不利于发平快球。

2. 发球者站位离前发球线半米，靠中线

这种站位发球有很大的选择面，可以用正、反手进行发网前球、平快球、平高球训练，并且路线不限定。但也有缺点，就是球的飞行时间太长，给对方留了充分的时间准备反击来球，而且发球后很容易在抢网较慢时失去网前主动权。

3. 发球者站在离中线较远处

这种站位主要适合于在右场区以正手发平快球和左场区以

反手发平快球，然后攻对方双打后发球线的内角位，配合发网前外角。由于这种发球只能影响到反应慢、攻击力差的对手，所以只作为一种变换手段，但是也应该注意到，如果对方对发球有了准备时作用就不大了，而且还会陷自己于被动。

接发球的站位

发球有许多规则，比如说，击球点不能过腰、球拍上沿须明显低于手、动作必须连续向前挥动（不许做假动作）、不能迟迟不发等，因为有这么多限制发球的规则，使得发球的威力大大减小了。而且如果接发球方对球的判断能力较准确时，并且启动快且还击及时，就能在对方发球质量稍差时杀、扑得手或取得主动，反之，如果不小心也会出现一些反面的影响，就会使自己陷入被动。

1. 接发内角位网前球

利用身体的扑或轻压动作，以对方两边中场及发球者身体为主要攻击点，再配合网前搓、勾等其他线路。

2. 接发外角位网前球

利用平推的方式，使对方中其中一名队员在底线两角处移动，这样就扩大了对方另一队员的防守范围。

3. 接发内角、外角位后场球

应以发球者为攻击点，利用扣杀技术来实施追身球。如启动慢了，也可用平高球打到对方底线两角。一般发球者在后场球发出后，就会出现后退接杀情况，这时可用拦截吊球，落点可选择在发球者的对角。

比赛中的站位

1. 前后站位

在比赛中，如果我方处于进攻之势，就需要一个人在前场

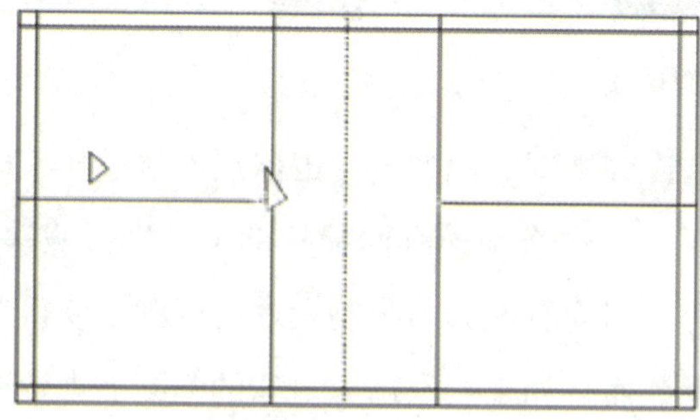

封网，另一个人在后场进攻，形成前后站位的队形。站在前面的队员分管前半场，主要负责封网，站在后面的队员分管后半场，但要注意两人所处的位置，站位尽量不要处在前后一条直线上，否则不利于进攻。

2. 平行站位

在对方进攻的时候，为便于防守，我方两人应该分边平行

站位，各负责左右半场区域的防守，以平抽、平打压住对方后场底线两角，在对方扣杀球时，也能以平抽反击或高远球至两底角，造成对方回球无力，一举扣球或吊球成功。

3. 轮转站位

比赛中攻与守随时都在不停地转换，因此站位队形就不能保持不变，必须随着攻守的转换进行相应的变化，这种变化不是盲目地变，而是遵循一定规律来进行的。

（1）由平行站位转换成前后站位

比赛中，甲 1 和甲 2 两人平行站位，此时对方另一个右侧网前小球，站在右半场区的甲 1 上网回吊对方网前小球，吊球

后甲 1 随球移动到网前准备封网；此时甲 2 就要积极地轮转换位，从左半场区转到后场，变成前后站位。如果对方挑后场高球，甲 2 可以进攻，甲 1 注意封网。

如果对方击出的是一个后场高球，甲 1 后退去接球，这时如果甲 1 的回球带有下压或一定的攻击性，则甲 2 需向前移动，变成前后站位，准备封网。

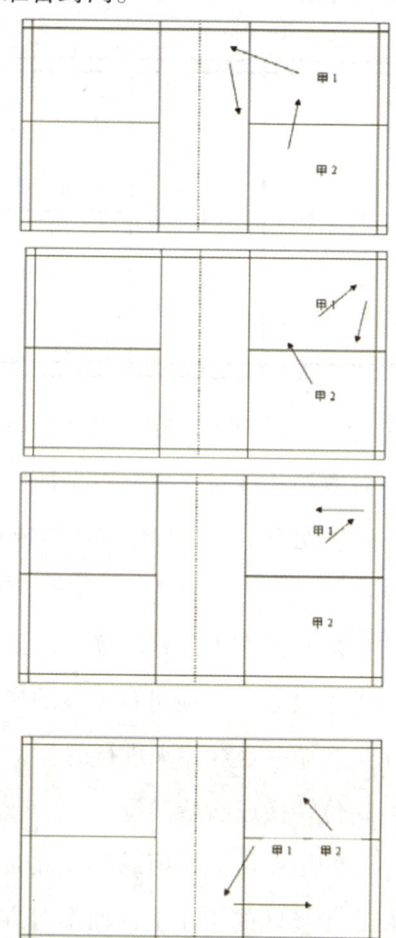

如果甲 1 的回球弧度较高的话，对方可能进攻，这时甲 1 应在回球后马上直线向前移动，与甲 2 继续保持平行站位的防守队形。

（2）由前后站位转换成平行站位

比赛中，甲 1 和甲 2 前后站位，如遇到对方另一网前球，这时只能挑后场高球的话，负责上网挑高球的甲 1 在完成挑球后应立刻从其挑球位置直线向中后场后退，其同伴甲 2 也应该同时移动到另一侧半场，两人变成平行站位准备防守。

❖ 双打的战术

接发球抢攻战术

接发球虽然受发球方的牵制，属于被动等待，但由于规则对发球做了诸多限制，所以使发球者发出的球不能具有太大的威胁。接发球方如果判断准确，启动快、还击及时，就能在对方发球质量稍差时杀、扑得手或取得主动；反之，也会接发球失误或还击不利使自己陷入被动。

1. 接发内角位网前球

以扑或轻压对方两边中场及发球者身体为主要攻击点，配合网前搓、勾等其他线路。

2. 接发外角位网前球

除了以上打的点外，还可以平推对方底线两角以调动对方一名队员至边角，扩大对方另一队员的防守范围。

3. 接发内角、外角位后场球

应以发球者为攻击点，力争扣杀追身球。如启动慢了，可用平高球打到对方底线两角。一般发球者在后场球发出后，后退准备接杀的情况居多，这时可用拦截吊球，落点可选择在发球者的对角。

后攻前封战术

后场队员积极大力扣杀为前场队员创造机会，在对方接杀放网、挑高球或企图反击抽球时，前场队员以各种技术来控制网前。

攻中路战术

1. 在比赛时，攻方的对手左右平行站立时，攻击他们的中间。

这种办法可以打乱对手的秩序，使得两人同时去接球或同时让球，造成接球失误。限制对手在接杀球时挑大角度高球调动攻方；有利于攻方的封网，由于打对方中路，对方回球的角度也小，网前队员封网的难度就小了。

2. 攻方的对手前后站立时，攻方下压球或轻推到边线。

这种战术在接发网前球和防守反攻抢网时很常见。这种球过去时，守方的球前场队员不能拦截，但后场队员拦截时又只能以挑高球或者是下手击球来回击，这样后场两角便会空出来，因而攻方在这时攻击他的空当或身体位可以取得胜利。

攻人战术

攻人战术一般在双打中很常见，顾名思义就是以人为攻击的目标。当对付技术水平不同的对手时，一般都采用这种攻人战术。另外，对付的两名队员实力差不多时也可采用这一战术。

攻后场战术

后场扣杀能力较差时，可以采用攻后场战术，这样能把对方弱者调动到后场去。这种战术是把平高球、平推球和挑球三种结合在一起，逼迫对手到底线去，使对手在底线两角区域不断地移动击球，然后在其不能脱身时，使出大力扣杀球，这样就能取得胜利。

1. 守方左右站位时把球打在两人的中间

这种战术可以造成守方两人抢接一球或同时让球，彼此难

于协调；限制对手在接杀球时挑大角度高球调动攻方；有利于攻方的封网，由于打对方中路，对方回球的角度也小，网前队员封网的难度就小了。

2. 守方前后站位时把球下压或轻推在边线半场处

这种战术多半是在接发网前球和防守反攻抢网时运用。这种球守方前场队员拦截不到，后场队员又只能以下手击球放网或挑高球，后场两角便会露出很大空当，因而有隙可乘，攻击他的空当或身体位。

防守战术

1. 调整站位

为了取得比赛时的主动权，首先要调整好自己的站位。当

网前挑高球，击球者应该直线后退，但不要对角后退。因为直线向后退的路线较短，对角后退路线长，也容易被对方打追身球。另一名队员要及时填补同伴的空缺。

2. 防守球路

当攻方杀球者和封网队员站在半边场的一条直线上时，这样接杀球就会被打到相反的半边场。但如果攻方杀球者和封网者是站在前后的对角位上，接杀球就可以还击到发球方的网前，又或者是在封网者的后场。攻方杀球者杀对角后，他的搭档如果到后场去助攻，接杀球时，攻方还可以把球还击到网前中路或直线网前。

关于防守的方法还有许多，但目的都是为了破坏攻方的进攻节奏和进攻的势头，在攻方进攻势头一减时即可平抽或蹲挡，若攻方站位混乱出现空当时，守方即可抓住战机转守为攻取得主动。

❖ 混双发球时的站位与分工

双打比赛的胜负结果是场上两名运动员协同合作共同营造

的。在双打中，只有两人之间分工好才能打出更出色的球，也能减少不必要的失分。同伴之间相互鼓励和谅解，并且彼此相信，按照不同的分工，在履行各自职责的同时，遵循一定的规律去并肩作战，相互补漏，做到天衣无缝。

首先打球的时候千万不要抢球。打球的时候绝对不要看你的搭档。如果球已过了你头顶，或者球速过快，你无法舒服地将它弹回对方后场，还是把球让给后面的搭档更好一点。挑球的时候尽量把球挑到对方的反手位后场。所以要养成一个好的习惯，防守的时候站位要靠前一点。被迫网前挑球时，女队员尽量不挑直线、男队员尽量不挑斜线，以减少女队员接杀对方男队员杀直线的压力。

发球阶段，女队员发球，男队员在中后场站位掩护，这是

在混双战术中最好的发球站位。因为女队员一般抢球速度好，在前场发球后，能迅速抢网形成进攻态势；而由于男队员的后场进攻能力强，如果对手把球起得很高时，男队员可以利用自身优势来保持进攻状态；而且由于男队员有较强的移动能力和反抽能力，这样就可以在对手接发球抢攻时，也能保持在不被动的状态。

当女运动员发球，男运动员在中后场这种站位时，接发球方就会出现男女选手之间进行交替接发。而发球方要根据接发球人的不同，使用不同的发球技术，比如，当接发球方是男队员时，为了取得主动应尽可能发网前球。

女队员接发球时，如果对手发网前球，就会在成功的接球后取得主动。所以当接发球的是女队员时，发球方在增加后场的发球后立即形成防守站位。

如果发球方是男队员，在这种情况下，男队员一般是站在中场位置发球的，而本方女队员是在前发球线附近进行半蹲举牌的防守动作，在发球后可以立即转成网前进攻站位。为了使球击出得更好、更远，当在离球网较远时，发球的力量要适当加大。

BMW
BMW
Sasa
CATHAY PACIFIC

第四章

羽毛球运动提醒篇

羽毛球运动的项目

羽毛球比赛项目可分为团体赛和单项赛两大类。在一次比赛中还可以按照年龄来分项目、分组别。比如，可以分为儿童组、少年组、青年组、老年组。另外，在一些业余性比赛中为了推动群众性羽毛球运动又可以分为专业组（特指退役专业运动员）和业余组等。

❖ 单项比赛

羽毛球的单项比赛包括：男子单打、女子单打、男子双打、女子双打和混合双打。

❖ 团体赛

在团体赛中，一般包括：男子团体、女子团体、男女混合团体 3 个项目。一场羽毛球团体赛由数场比赛组成，常见的赛制有以下几种：

三场制

首先要求每队有 2 ～ 4 人参加比赛。其中 2 名负责单打，1 名负责双打（也可以由单打的运动员担任），总共进行三场比赛，比赛的顺序为单打、双打、单打，或者是单打、单打、双打。同时采用的是三局两胜制，也可以在赛完三场后以获胜场数多的队为胜。

五场制

每队有 4 ～ 9 人参加，男女团体由 3 名单打，2 名双打（也可以由单打运动员担任），共进行五场比赛。比赛的顺序分别为：单打、单打、单打、双打、双打，或者是单打、单打、双打、双打、单打，也可以根据双方出场队员的兼顾项的情况而定。比赛结束后，获得胜场数多的队获胜。男女团体比赛亦可采用五局三胜制。

羽毛球运动的比赛规则

❖ 计分

1. 除非两队之间达成共识，一般混合团体赛采用的都是三场两胜制，三场均打满，每场采用三局两胜制，出场顺序为女单、混双、男单。

2. 循环赛按胜的场次取名次，若胜的场次相同，则以两队间的胜负决定名次，两三个队以上的胜场次相同，则以相互队间的净胜局数决定名次。

3. 一般，每局采用每球得分 21 分制，率先得到 21 分的一队赢得该局的比赛。如果双方比分打成 20 比 20，一方需要超过对方 2 分才算取胜。如果双方比分打成 29 比 29 时，则率先得到第 30 分的一方取胜。

4. 一般，下一局开始时由上一局的获胜方先发球。

小贴士

在比赛前，双方没有获胜方时，优先选择发球区或选场区是由掷挑边器决定的。

❖ 交换场地

在以下这些情况中，运动员应该交换场地：

首先，当第一场结束时可以交换场地；其次，在第三局开始前可以交换场地。还有在第三局中或只进行一局的比赛中，当领先的一方得分为 10 分时，也可以交换场地。

还有一种情况，运动员未按规则的规定交换场地，一经发现立即交换，已得分数有效。

❖ 比赛连续性

1. 比赛从第一次发球起至比赛结束应是连续的。

2. 增加技术暂停：当一方在比赛中得到 11 分后，双方队员休息 1 分钟；除非特殊情况（如地板有水、球被打坏），球员不可再提出中断比赛的要求。

3. 两局比赛之间的休息时间为 2 分钟（有电视转播的比赛，裁判长可在赛前对规则的规定执行做出决定）。

❖ 合法发球

1. 发球时任何一方都不允许延误发球。

2. 发球员和接发球员都必须站在斜对角发球区内发球和接发球，脚不能触及发球区的界线；两脚必须都有一部分与地面接触，不得移动，直至将球发出。

3. 发球员的球拍必须先击中球托，与此同时整个球要比发球员的腰部低。

4. 击球瞬间，球拍杆应指向下方，从而使整个拍头明显低十发球员的整个握拍手部。

5. 发球开始后，发球员的球拍必须连续向前挥动，直至将球发出。

6. 发出的球必须向上飞行过网，如果不受拦截，应落入接发球员的发球区内。

7. 一旦双方运动员站好位置，发球员的球拍头第一次向前挥动即为发球开始。

8. 发球员须在接发球员准备好后才能发球，如果接发球员已试图接发球则被认为已做好准备。

9. 一旦发球开始，球被发球员的球拍触及或落地即为发球结束。

10. 双打比赛，发球员或接发球员的同伴站位不限，但不得阻挡对方发球员或接发球员的视线。

❖ 单打比赛规则

1. 发球员的分数为 0 或双数时，双方运动员均应在各自的右发球区发球或接发球。

2. 发球员的分数为单数时，双方运动员均应在各自的左发球区发球或接发球。

3. 球发出后，由发球员和接发球员交替对击直至“违例”或“死球”。

4. 接发球员违例或因球触及接发球员场区内的地面而成死球，发球员就得 1 分。随后，发球员再从另一发球区发球。

5. 发球员违例或因球触及发球员场区内的地面而成死球，发球员即失去发球权。随后，接发球员成了发球员，双方均不得分。

6. 每场比赛采取三局两胜 21 分制。首局获胜一方在接下来的一局比赛中率先发球。

❖ 双打比赛规则

1. 一局比赛开始和每次获得发球权的一方，都应从右发球区发球。

2. 只有接发球员才能接发球；

如果他的同伴去接球或被球触及，发球方得 1 分。

3. 自发球被回击后，由发球方的任何一人击球，然后由接发球方的任何一人击球，如此往返直至死球。

4. 自发球被回击后，运动员可以从网的任何位置击球。

5. 接发球方违例或因球触及接发球方场区内的地面而成死球，发球方得 1 分，原发球员继续发球。

6. 发球方违例或因球触及发球方场区内的地面而成死球，原发球员即失去发球权，双方均不得分。

7. 每局开始首先发球的运动员，在该局本方得分为 0 或双数时，都必须在右发球区发球或接发球；得分为单数时，则应在左发球区发球或接发球。

8. 发球必须从两个发球区交替发出。

9. 一局胜方中的任一运动员可在下一局先发球，负方中的任一运动员可先接发球。

❖ 发球区错误

1. 发球顺序错误。

2. 从错误的发球区发球。

3. 在错误的发球区准备接发球，且球已发出。

4. 发球区错误的处理：如果因发球区错误而“重发球”，则该回合无效，纠正错误重发球。如果发球区错误未被纠正，比赛也应继续进行，并且不改变运动员的新发球区和新发球顺序。

❖ 违例

发球不合法；发球时，球过网后挂在网上或停在网顶；发球员发球时未击中球。这三种都属于违例。

在比赛时，球落在球场界线外、球从网孔或网下穿过、球不过网、球碰屋顶、天花板或四周墙壁、球触及运动员的身体或衣服、球触及场外其他人或物体（由于建筑物的结构问题，必要时地方羽毛球组织可以指定羽毛球触及建筑物的临时规定，但其国家组织有否决权）。

❖ 重发球

当遇到不能预见或意外的情况应重发球；除发球外，球过网后挂在网上或停在网顶应重发球；发球时，发球员和接发球员同时违例，应重发球；发球员在接发球员未做好准备时发球，应重发球；比赛进行中，球托与球的其他部分完全分离，应重发球。

❖ 死球

球撞网并挂在网上，或停在网顶、球撞网或网柱后开始在击球者这一方落向地面、球触及地面，这些都判为死球。

羽毛球裁判手势知多少

❖ 裁判员的具体手势

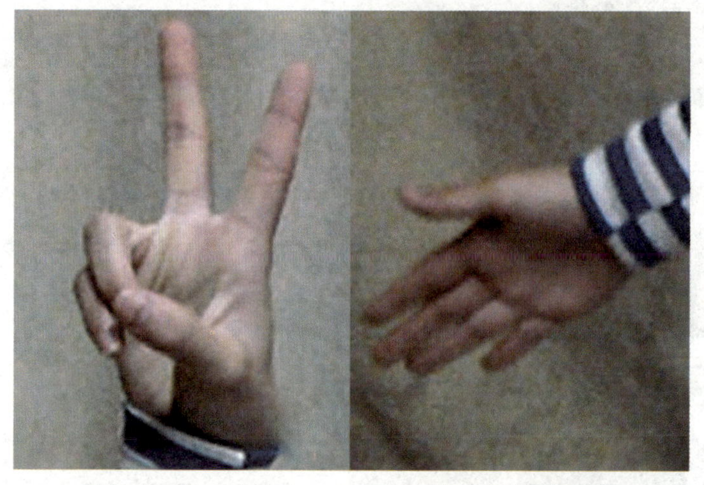

第二发球、连击　　持球、拖球手势

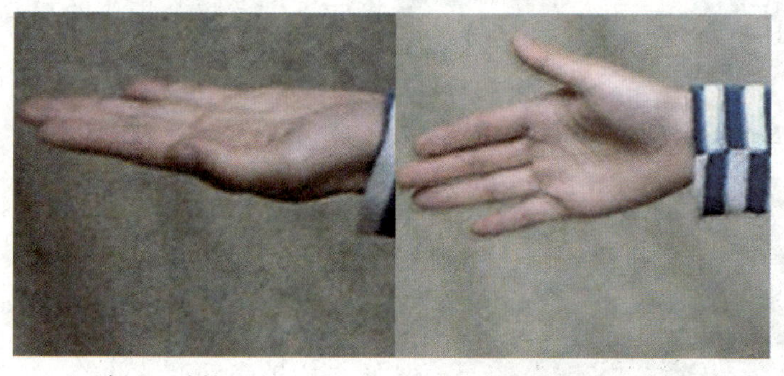

触网手势　　过网击球手势

❖ 裁判员的手势要求

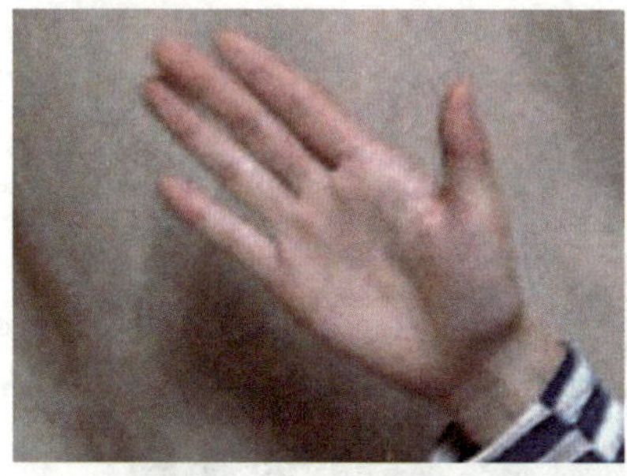

击球瞬间，球的整体未低于发球员的腰部。

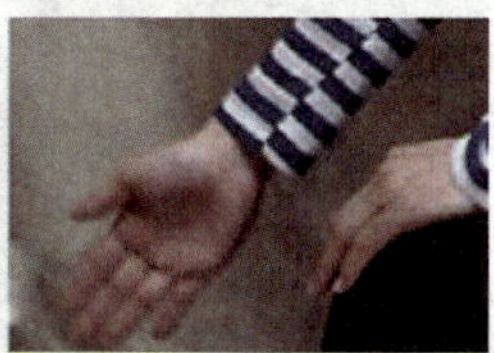

最初的击球点不在球托上。

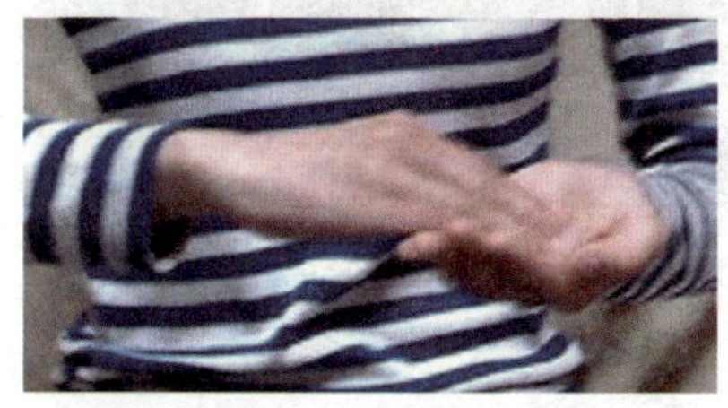

发球击出前，脚不在发球区、触线或移动。

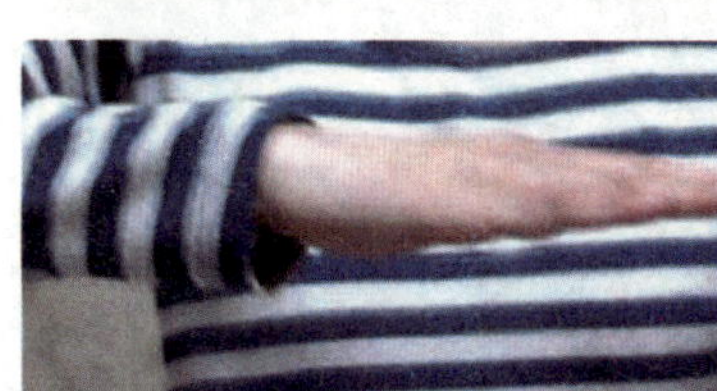

发球击球瞬间，球拍杆未指向下方，整个拍头明显高于发球者整个握拍手部，即出现发球过手。

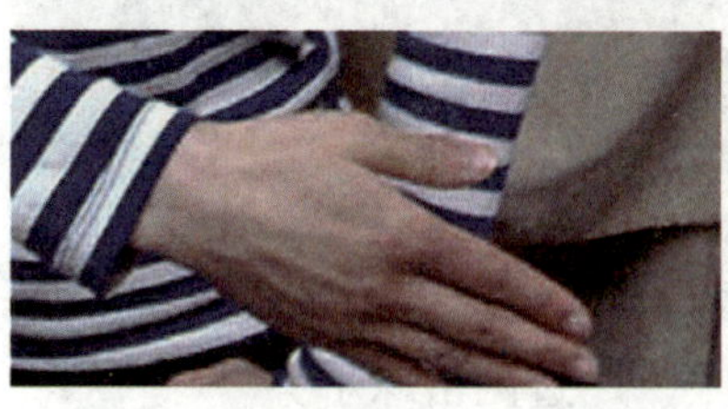

不正当的延误的击出。一旦双方站好位置，发球员球拍第一次向前挥拍即为发球开始，挥拍必须继续向前。

❖ 对司线员的要求

1. 司线员应该坐在他所负责的延长线上，最好面向裁判员，在实际安排时，司线员的位置与场地的理想距离约 2.5—3.5 米。

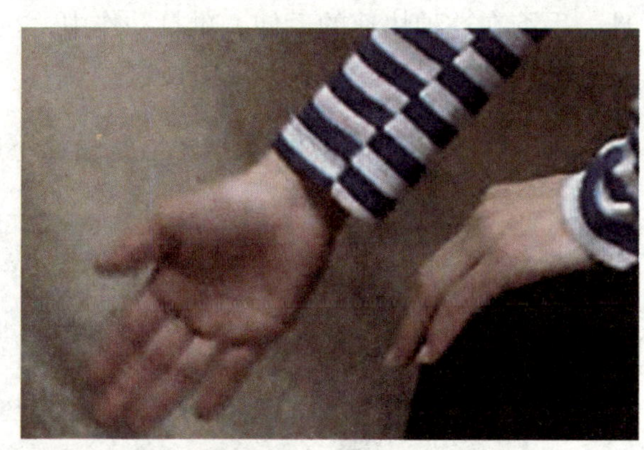

2. 当球落在界外，除大声清楚地报“界外”，同时双臂侧举，手势不要做得太快，使裁判员能够看得清楚，界外手势大概保持 2 秒。

3. 如果球落在界内，只用手指向界内，只需做动作，无须出声。

羽毛球运动中的意外伤害

❖ 运动中常见的损伤及改善措施

手腕损伤

在羽毛球健身运动中，手腕关节是最容易出现损伤的，根据羽毛球的技术要求，会在运动中实现击打、扣杀及吊、挑、推、扑、勾球等动作，这些都要求手腕有基本的后伸和外展的动作，然后随着不同的技术要领手腕不断地进行转换、翻转，然后快速伸直闪动鞭打击球或手腕由后伸外展到内收，内旋闪动切击球，手腕在这种快速的后伸、鞭打动作中，在不同角度中做出外旋及屈收动作。

因而，手腕部的薄弱环节三角软骨盘不断受到旋转辗挤

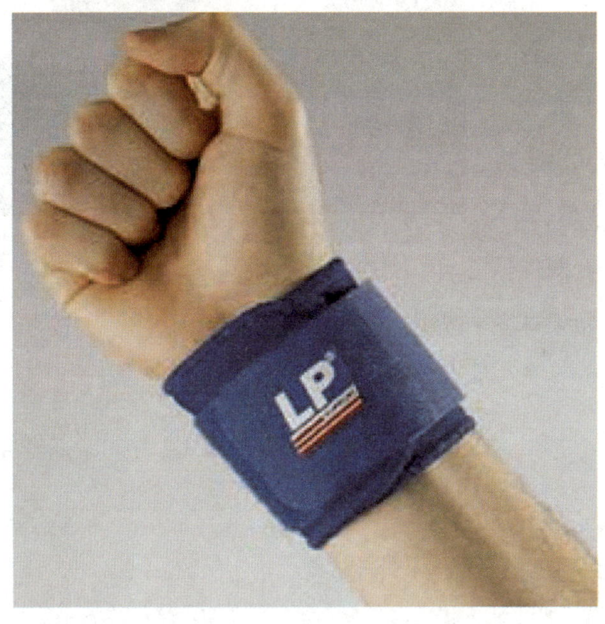

造成损伤。因此，羽毛球爱好者在进行羽毛球运动中，应该特别注意手腕的准备活动，并且应长期坚持做好手腕损伤的预防工作。

手腕损伤的改善措施：可用小哑铃或沙瓶负重做腕部练习，

增加腕部力量。依据个人情况练习，以每次练习出现臂酸胀为止，或加重球拍的重量绕 8 字练习，以加强、改善腕部的肌肉活动能力。也可用砖头代替重物，同时还可以发展手指力量。运动时最好戴上护腕或者是用弹力绷带加固。练习量视个人情况自行掌握。

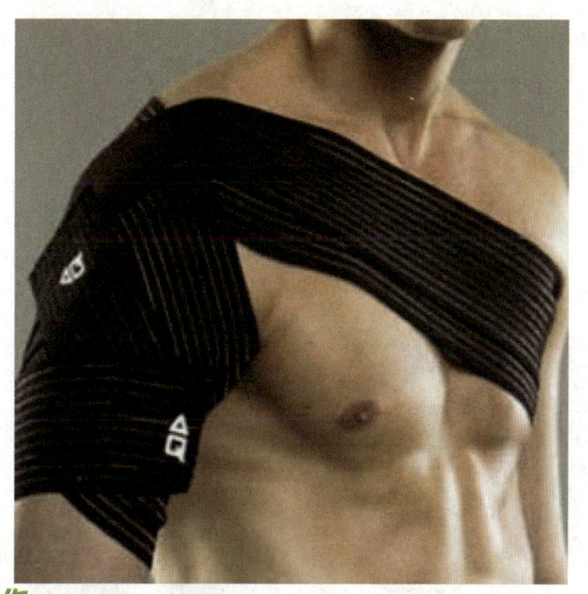

肩袖损伤

肩袖损伤也是在羽毛球运动中多发的一种损伤，这是由于在羽毛球运动中，无论是正手、反手击球或劈吊球，其基本动作都需要同时右（左）臂后引，胸舒展，当球落至额前上方击球时，上臂向右（左）上方抬起，肘部领先，前臂自然后摆，手腕后伸，前臂急速内旋带动手腕屈收鞭打发力。因此，肩关节重复进行无数次这种运动时，使得组成腱袖的四块小肌肉长期处于离心性超负荷状态，从而造成肩袖损伤。

因此，练习者在进行运动时，也同样需要去做好充分的准备活动，并在打球时应注意技术动作的规范性。

肩关节损伤的改善措施：加强肩部力量训练及肩部的柔韧伸展训练，用一定重量的物品置于肘部，平举至与肩同高，持续 1 ～ 2 分钟为一组，每次 4 ～ 6 组，每组间歇时注意放松，放松时肩部进行正压、反拉及前后绕环练习。

膝关节损伤

膝关节处最容易重复发生损伤。在羽毛球运动中，经常会出现反复在短距离内，瞬间变向，侧身及前屈、后伸、起跳、

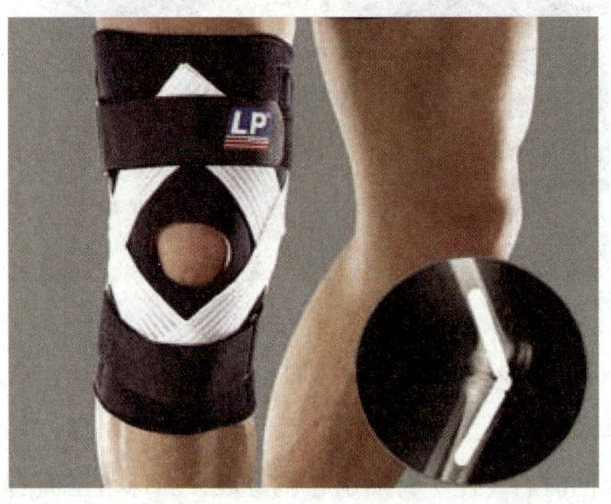

跨步、后蹬，膝关节不断承受剧烈的拉力和牵扯力，一旦某个动作不协调和过度用力、过度疲劳常常容易引发膝关节的急性损伤。因此，在羽毛球运动中，特别要注意这种重复发生的损伤。

膝关节损伤的改善措施：采用静力半蹲或负重静力半蹲来增加该部位的力量。如果股四头肌的力量强，运动中承受负荷的能力就强，出现劳损的可能性也就会小些。做加强力量的练习时膝关节屈的角度可由小到出现膝痛的角度开始，慢慢加到不超过 90 度，每次练习时间可由 5 分钟开始慢慢加大到半小时以上，练习时，以出现股四头肌轻微的抖动为止。运动时可佩戴护膝。

网球肘

“网球肘”是所有球拍运动中最常见的损伤。其原因是很多控制手指、手腕和前臂运动的肌肉都附着在肘关节周围。

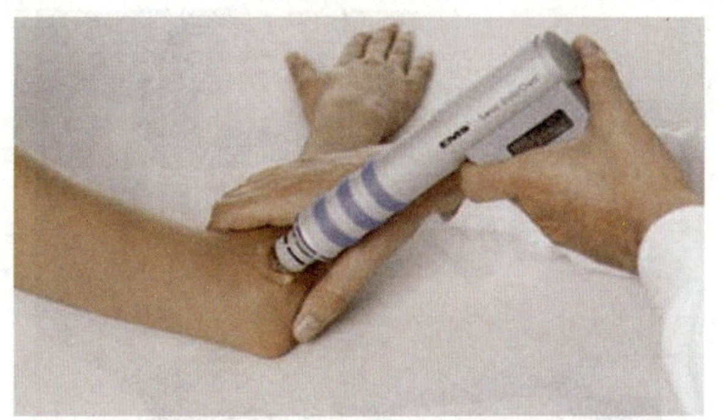

在羽毛球技术动作中，屈腕、旋前臂的动作比较多。如反手击球动作，它是靠上肢的屈腕肌和旋前肌来完成的。肘关节在 130—180 度时，伸肌群的合力最集中，而外侧韧带也拉得最紧。此时如果用最大的力去做投掷动作，就可能发生损伤。因此，在羽毛球运动中，加强保护肘关节和预防网球肘的发生是十分必要的。

网球肘的改善措施：

1. 上场之前充分活动各关节，打球之前要挥几分钟空拍，刚开始打球时要逐渐加力，特别是冬季天冷时。

2. 戴护肘。

3. 握拍要放松，击球时肘部不要过直。

4. 逐步增加力量练习。此外，肘疼往往是在突然加大运动量时出现，应避免打球时间突然加长。

踝关节损伤

有关资料研究表明，运动中造成踝关节损伤的主要原因是

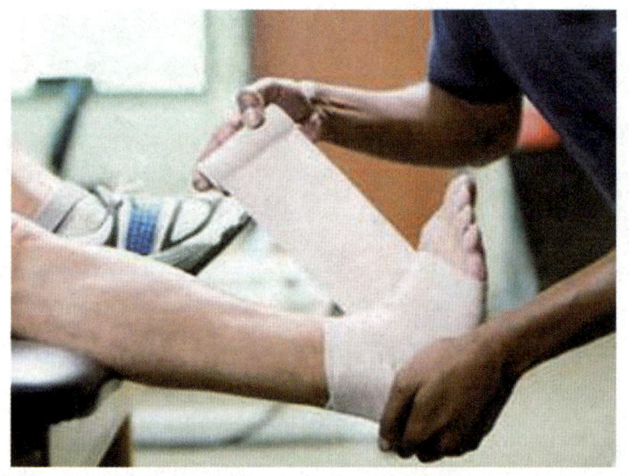

支撑落地脚不稳，技术动作不良，带伤练习，起跳动作错误及准备活动不足等。而在羽毛球运动中，许多技术动作都将用到踝关节。因此，爱好者应该了解和掌握预防踝关节损伤的方法是很有必要的。

踝关节扭伤后，绝不能再继续运动。不能马上揉搓，不能在没有检查伤病轻重的情况下用冷水冲洗，因为在冲洗的过程

中踝部会迅速肿起来，会给治疗带来麻烦。不能没有检查伤病的轻重就上药物包扎，因为有可能会出现皮肤反应，导致必需的手术治疗也不能进行，以致延误治疗的最佳时间。在出现损伤后立即用拇指压迫痛点（韧带的断裂部）止血。一般扭伤不严重的话，停止运动 10 ～ 20 天可以痊愈。严重者应该立即到医院看医生。

踝关节损伤的症状：

踝关节损伤根据部位的不同表现出的症状也有不同。

1. 外踝损伤时，外踝前下方凹陷处有不同程度的肿胀或皮下淤血。

2. 严重时，患足不能支持或站立，单纯的韧带撕裂，压痛大部分在外踝下方。

3. 合并撕脱性骨折时，在踝关节处会感觉到很痛。

4. 慢性的踝关节劳损时，表现在准备活动时疼痛，活动后减轻，大量运动后加剧。踝关节有酸痛的感觉。

踝关节损伤的预防改善措施：

1. 运动前注意热身，注意鞋要松紧适度（不能太松）。

2. 运动中注意避免过度疲劳，避免拼命。

3. 尽量少腾空跳起。

4. 加强踝关节周围肌肉的力量练习，如负重提踵、足尖走、足尖跳。

5. 出现踝关节损伤后，一定要及时检查、确诊，以免误诊导致慢性病理过程。

腰肌扭伤

根据羽毛球运动的技术特点，使得腰在不断地弯曲、伸直等动作中转换。在不断地做这些动作时，腰部会因为过度使用或用力过猛而出现损伤。所以练习者在打球时，要注意力集中，保持肌肉的紧张，使用正确的动作技术，在活动前进行充分的准备，这样就可以减少腰肌扭伤的出现。

当一个人的腰部出现持续的局限性疼痛时，可能就是腰肌扭伤了。腰肌扭伤的人，在最开始时会出现行动困难，然后就会感觉到在咳嗽、喷嚏时腰部很痛。在第二天的时候，也有可能会由于局部出血、肿胀，而导致腰痛更为严重；有时也会出现轻微的腰肌扭伤现象，而结果就是当天不疼，过后腰部酸痛无比，同时腰部活动受限，不能挺直，做其他动作时也可使疼痛加剧。

在运动时，如果感觉到自己的腰肌扭伤就应该立即停止运动，腰肌扭伤严重时要及时送医，防止延误治疗。扭伤初期应该睡比较硬的床，并且注意腰部的保暖。一般严重的扭伤休息 2 ～ 3 周就可以好了。治愈后也有可能再次出现腰肌扭伤，为了避免这种情况出现，必要时可采取阔腰皮带外束，以保护腰部。

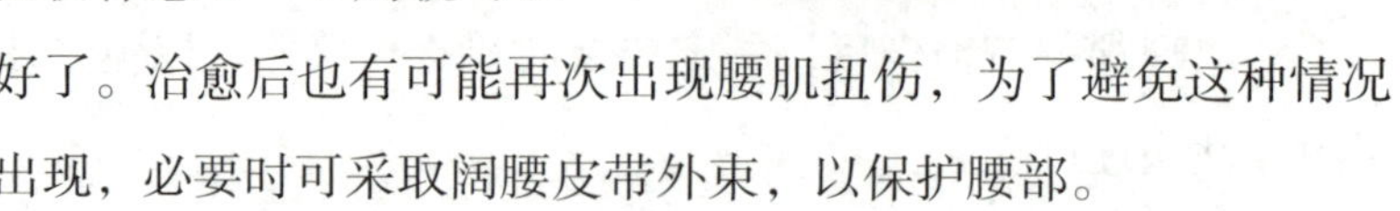

跟腱断裂

在羽毛球运动中，不断地跨步、起跳击球是非常常见的。因此，在运动中，强烈的停、转等动作很容易引起跟腱断裂。

在生活中，一般很少有人会出现跟腱断裂，但一旦发生跟腱断裂时就会非常严重，跟腱断裂会给运动员带来很大的不便，而且治疗时间在所有损伤中最长。因此，应该加强对跟腱断裂的预防。

预防改善措施：

1. 在参与运动之前，首先要做好充分的准备工作，使身体能够得到充分活动，使身体的各个机能能够调整到适当的状态。

2. 在运动中也需要注意加强自我保护。

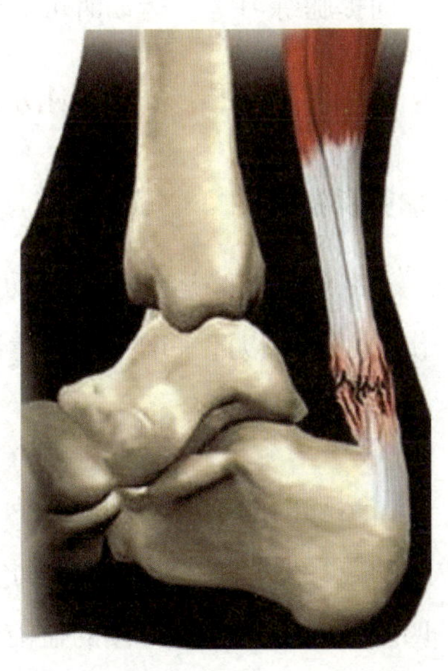

3. 运动要适度，如果在运动中感到疲劳要及时停下来休息，不能硬撑。而且不应该连续几天运动，在第一天比较疲劳时，第二天应该休息。

4. 正确掌握技术动作要领也是十分重要的。要在完全掌握技术动作要领后再开始练习。

其他

在各项体育运动中都会出现运动损伤现象，其中肌肉拉伤是最常见的损伤之一。在进行羽毛球运动中，大腿肌群肌肉最容易拉伤。而大多肌肉拉伤是由于运动前的准备活动不充分，尤其是冬天天气寒冷，韧带、肌肉更脆、更僵一些，肌肉比较紧，如果准备活动没做好，甚至没做准备活动就立即进行猛烈的运动，就很容易受伤。因此爱好者在打球前应该充分做好预热的准备工作。

在运动中，如果怀疑肌肉拉伤，应立即停止运动。

腿部肌肉受伤后的改善措施：

在增加大腿肌肉力量训练的同时，增加肌肉伸展度的训练，如杠铃负重前后交叉跨步练习，负重左右脚向前、向后、向侧方向提腿练习等。运动时可用弹力绷带加以保护。

❖ 如何预防羽毛球运动损伤

增强保护意识

在运动前、运动中和运动后都要注意保护自己。要了解损伤的危害，以此来增强保护意识。

运动前应该热身

运动前的热身运动就是为了使自己在运动中减少损伤。在运动前舒展身体，活动在运动中需要用到的身体部位，比如说，四肢，热身运动后身体的血液循环活跃起来，就能够满足运动时各个部位的血液供应，确保有氧运动占主导地位，减少在运动中出现的不必要的伤害。另外，准备活动还能够提高运动的兴趣和身体的灵活性，确保身体平衡。

保护特殊部位

运动中，一些身体部位容易受到伤害，比如说，手腕、膝盖或者腰肌等地方，这就要求我们做好防护工作，必要时使用护腕、护膝、宽腰带等来保护身体，减少伤害。

防止“急刹车”

运动切忌急走急停，这样会对身体产生不良影响。一些人在激烈运动中“急刹车”，会使下肢肌肉收缩挤压血管然后导致血液回流，将血液送回心脏，长此以往会使心脏出现问题。在剧烈运动时，“急刹车”会导致腿软、头晕、恶心等症状，更有甚者会晕倒。另外，剧烈运动时，人体各器官处于紧张的状态之下，血压上升，心跳加快，若运动骤停，我们身体里的机体肾上腺素的消耗就会减少，这会致使其在血中的含量剧增，由此引发心动过速甚至心室纤颤而致命。因此，剧烈运动后要循序渐进，不能“急刹车”。

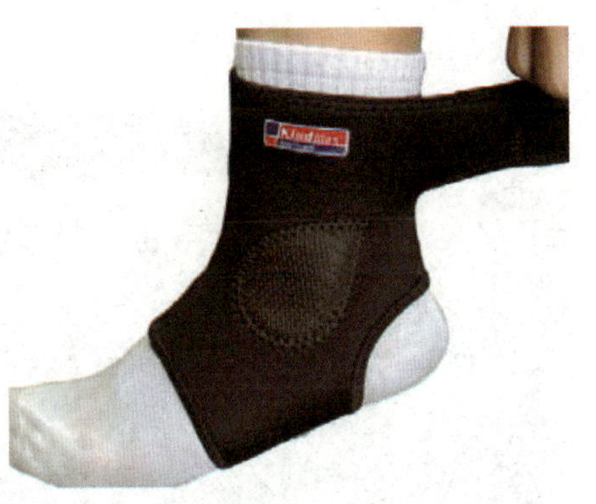

及时进行伤后处理

受伤之后，要根据基本的医疗常识进行冰敷、冷敷，这样

可以控制血肿的发展，过了 24 小时后再进行热敷，这样可以消退血肿。情况严重时，比如说，遇到骨折时，应送医院进行治疗。在治伤期间，要注意多休息，切忌不能运动，否则会加重病情。运动受伤后，应根据具体伤情，做到充分休息和治疗，再根据医生的嘱托做一些康复性锻炼，逐渐地增强肌力和体力，减少复发。

第五章

羽毛球控——那些你不知道的精彩

羽毛球赛事

❖ 汤姆斯杯赛

即世界男子团体羽毛球锦标赛，1948 年举行第一届比赛，现为两年一届，在偶数年举行。比赛由三场单打、两场双打组成。历史上夺得汤姆斯杯冠军最多的国家是印度尼西亚，共 13 次。

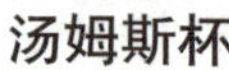
汤姆斯杯

尤伯杯

❖ 尤伯杯赛

即世界女子团体羽毛球锦标赛，1956 年开始举行第一届比赛，两年一届，在偶数年举行。比赛由三场单打、两场双打组成。历史上夺得尤伯杯冠军最多的国家是中国，共 12 次。

❖ 世界羽毛球锦标赛

即世界羽毛球单项锦标赛。设有男、女单打、双打和混合双打五个比赛项目。1977 年起开始为三年一届，1983 年改为两年一届，在奇数年进行。

❖ 苏迪曼杯

即世界羽毛球混合团体比赛。1989 年开始举办，两年一届，在奇数年举行，比赛由男女单打、男女双打组成。

❖ 世界杯羽毛球赛

属于邀请性比赛，由国际羽联邀请当年成绩优异的选手参

加。创办于 1981 年，1997 年国际羽联决定从 1998 年起改为由世界顶尖级选手参加的明星赛。

❖ 全英羽毛球锦标赛

由英格兰羽毛球协会于 1869 年创办。它是世界历史上最悠久的羽毛球赛事。最初由英国和英联邦国家选手参加，

现在已成为全球性的羽坛大会战。

❖ 奥运会羽毛球比赛

羽毛球在1992年成为奥运会正式比赛项目，当时只设4个单项比赛，无混双比赛。1996年亚特兰大奥运会起增设混双项目。

羽毛球名将

❖ 亚洲第一人——黄炳顺

羽毛球运动从欧洲传到亚洲后，黄炳顺是第一位把全英羽毛球锦标赛男子单打冠军夺到亚洲人手里的运动员，并且他与马来西亚另一位羽毛球运动员庄以民轮流坐庄，保持全英羽毛球锦标赛男子单打冠军长达八年之久。他的打法特点在欧洲击球技术的基础上加快了场上的移动步法，后场反手击球，在杀球的运用上也更加灵活。他的技术全面，速度较同时期的羽毛球运动员快了一拍，因此他在比赛场上能主动控制局面。作为亚洲羽毛球运动员登上世界羽坛顶峰，他是第一人。他获得了1950年、1951年、1952年和1955年全英羽毛球锦标赛的冠军。并领军马来西亚夺得了第一届世界羽毛球男子团体赛“汤姆斯杯”。在羽毛球拍柄上印制著名运动员的签名作为广告宣传品和纪念品，他也是第一人。

❖ 单双全才——庄以民

庄以民是继黄炳顺后马来西亚羽毛球在世界羽坛上又一位极具影响力的代表。虽然他身高不高，但全面的技术、灵活的战术和对羽毛球运动的理解，使他在比赛场上的发挥得心应手。在 1953 年、1954 年、1956 年和 1957 年，获得过四次全英羽毛球锦标赛男子单打冠军，而在双打比赛中与兄弟庄以良合作，于 1951 年、1952 年和 1953 年也连续三次夺冠，由此可见他在羽毛球运动上的造诣。在马来西亚夺取“汤姆斯杯”的比赛中，他责无旁贷地成为单打和双打的主力。

❖ 一代欧洲巨星——柯普斯

柯普斯是丹麦人，欧洲 20 世纪 60 年代羽毛球运动男子杰出代表。当羽毛球的欧洲打法与亚洲打法相互促进时，他击球手腕力量大、高球和吊球的落点准确、扣杀有力等精湛技术，无疑为欧洲羽毛球和当时世界羽毛球运动两大流派的交流和促进起到了很大的作用。可以说，他的技术和力量型打法是当时欧洲羽毛球技术的顶峰。

❖ 天皇巨星——哈托诺

哈托诺是印尼人，中文名梁海量，世界著名男子单打选手，被誉为世界级“天皇巨星”。全面的技术，全攻型的先进打法，良好的球场作风，使他赢得了世界羽毛球界人士的尊敬。

❖ 创新先锋——侯加昌

印度尼西亚人，华侨后裔，自幼爱好羽毛球运动，并有突出的羽毛球运动天赋，是印尼羽毛球运动的后起之秀，1960 年回到中国。他的技术和战术特点是全面的，手法变幻莫测，控制球的飞行弧线和落点能力极佳，步法轻盈，在比赛中以巧克制对手。他的打法灵活，又因为“侯”与“猴”同音，因此常被人称为“猴子”。退役后，他在担任中国羽毛球队男子主教练期间，培养过韩健、杨阳、赵剑华等世界男子单打冠军，并且带领中国男子羽毛球队数次夺得世界羽毛球男子团体赛“汤姆斯杯”冠军，为中国做出了杰出贡献。

❖ 一代虎将——汤仙虎

汤仙虎 1942 年出生在印尼，华侨后裔，1960 年回国。他是中国羽毛球鼎盛时期的代表人物之一，1963 年在雅加达举行的新兴力量运动会上获得男子单打冠军，1965 年在访问北欧时，曾以

15 比 0 战胜 7 次获得全英羽毛球锦标赛男子单打冠军的柯普斯。在 1963 年至 1975 年长达 12 年的巅峰期里，所有国际比赛均保持不败。退役后曾担任中国羽毛球队和印尼羽毛球队的教练，为羽毛球运动做出了极大的贡献。2000 年悉尼奥运会羽毛球比赛男子单打金牌获得者吉新鹏就是他的弟子之一。

❖ 天王之首——杨阳

1984 年，作为当时的中国羽毛球队主力队员，他参加了第十三届国际羽毛球男子团体锦标赛（汤姆斯杯），勇克当时的世界冠军苏吉亚托，为中国队夺得亚军立下功劳；同年在第四届世界杯羽毛球赛上获男子单打亚军。

1986 年，杨阳在香港公开赛上击败“世界球王”弗罗斯特，首次登上单打冠军宝座；同年在第五届世界杯羽毛球赛上获得男子单打第三名；同年在第四届世界羽毛球锦标赛上获得男子单打第三名。

1987 年，他在第

五届世界羽毛球锦标赛上首次夺得男子单打冠军，同年在第七届世界杯羽毛球赛上获男子单打亚军。1988 年，杨阳蝉联了第十五届“汤姆斯杯”冠军，同年在第八届世界杯羽毛球赛上，再夺单打冠军；同年在第二十四届奥运会羽毛球表演赛中，获男子单打冠军;同年还在“柯尼卡杯”羽毛球公开赛上获男子单打冠军。

1989 年，他勇摘全英羽毛球锦标赛桂冠，创造一人独得汤姆斯杯、世界锦标赛、世界杯赛、全英锦标赛四项世界大赛冠军的纪录。同年 6 月在第六届世界羽毛球锦标赛上获得男子单打冠军，成为世界上第一个蝉联该项冠军的选手。同年，他还囊括了“尤尼克斯杯”羽毛球公开赛、瑞典羽毛球公开赛、第九届世界杯羽毛球赛的男子单打金牌。

❖ 欧洲的世界天王——摩丹·弗罗斯特

弗罗斯特是我国球迷比较熟悉的丹麦名将，他也是世界羽坛著名的运动员。弗罗斯特曾保持有 200 多场比赛不败的纪录，仅 1984 年一年，就获得 8 次国际大赛的桂冠，其中包括全英羽毛球锦标赛和世界羽毛球系列大奖赛总决赛的男子单打冠军。然而，令他遗憾终生的是：他曾三次打入世界羽毛球锦标赛男子单打的决赛、两次打入世界杯羽毛球赛决赛，却一次也未能如愿，分别败在苏吉亚托、韩健和杨阳的手下。

❖ 双打奇才——朴柱奉

朴柱奉是世界羽毛球界公认的羽毛球双打奇才，他不仅双打的技术全面，攻守兼备，而且在打法上开创了全场两名同伴同时压倒在网前的全攻打法，快速尖锐的防守反击是他双打技术的精髓。曾获得 1985 年、1991 年世界羽毛球锦标赛男子双打冠军，1985 年、1989 年、1991 年世界羽毛球锦标赛混合双打冠军，1992 年巴塞罗那第 25 届奥运会羽毛球男子双打金牌。

❖ 双打骄子——李永波、田秉毅

在国家队集训期间，李永波与田秉毅成为固定搭配，两人刚柔相济，攻守转换迅速，李永波的后场跳起杀球势大力沉，配以假动作的贴网轻吊，极具威胁。而田秉毅的快速反应封网

扑杀与之相辅相成，形成立体交叉的进攻。他们共获得 1987 年和 1989 年世界羽毛球锦标赛男子双打冠军，1987 年世界羽毛球大奖赛总决赛男子双打冠军，在巴塞罗那第 25 届奥运会

时因伤，冲击金牌未成，获得男子双打铜牌。

❖ 后起之秀——鲍春来

鲍春来，中国羽毛球运动员，在2000年广州世青赛上勇夺男子单打冠军，由此进入国家队，开始职业生涯。2006年韩国公开赛夺得其职业生涯首次单打冠军。2007年11月在广州首次夺得中国羽毛球超级赛冠军，拥有亚锦赛、德国公开赛、日本超级赛、韩国公开赛、新加坡超级赛冠军等一系列单打冠军头衔。

❖ 潜力无限——林丹

中国男子羽毛球队单打运动员，被人们爱称为“超级丹”。2002年8月，不满19岁的林丹登上国际羽联排名第一的位置。2008年获得北京奥运会冠军，2010年获得广州亚运

会男子单打冠军，2011 年 8 月在伦敦的世界锦标赛上，获得第四个世界锦标赛男子单打冠军，同时他的冠军数达到了 15 个。2012 年，伦敦奥运会上，他又获得了羽毛球男子单打冠军，成为第一个卫冕冠军。

羽毛球国家

❖ 亚洲羽毛球运动的领头羊——马来西亚

马来西亚在 1937 年加入世界羽毛球联合会，是最早加入世界羽毛球联合会的亚洲国家。1964 年时开始在国际羽坛崭露头角，成为亚洲第一个取得全英羽毛球锦标赛男子单打冠军和“汤姆斯杯”冠军的国家，在羽毛球运动发展史上占有重要地位。

在 20 世纪 50 年代，马来西亚最有名的羽毛球运动员是黄炳顺，他有扎实的功底、精湛的技术，强健有力的反手上击球、非常稳健的高远球、大力的扣球等都是他的绝技，名噪一时。同时代的另一位羽毛球运动员庄以民也是成绩非凡。两人从 1950 年到 1957 年，在全英羽毛球锦标赛上，交替为马来西亚取得了男子单打的冠军。到了 20 世纪 80 年代，马来西亚的米士本和贾拉尼开始闻名于世界。大哥米士本是男子单打选手，为马来西亚取得了多次冠军，延续了黄炳顺与庄以民的辉煌，以至于在他退役时，被国家赋予“爵士”的头衔。而他的弟弟贾拉尼和另一位选手拉昔夫是优秀的双打运动员，他们的配合非常到位，使得人们称他们为 20 世纪 80 年代到 90 年代的世

界男子双打“四大天王”之一，其中“四大天王”指中国的李永波、田秉毅，韩国的朴柱奉、金文秀，印尼的洪忠中、郭宏源和马来西亚的贾拉尼、拉昔夫。在1992年的巴塞罗那奥运会上，贾拉尼和拉昔夫为马来西亚赢得了铜牌，打破了马来西亚在奥运会上奖牌零的纪录。

马来西亚运动员在世界羽毛球男子团体赛——“汤姆斯杯”赛中战绩累累，曾经获得“汤姆斯杯”赛前三届的冠军，后来又获得第七届和第十七届的冠军。在羽毛球历史上留下了辉煌的篇章。

❖ 羽毛球王国——印度尼西亚

由于印尼的地理条件优越，处于热带，而且有高大的椰树林遮挡阳光，所以使得羽毛球在这里可以从室内搬到室外，这也使得羽毛球运动在印尼得到了迅速的发展。

1953年，印度尼西亚加入了世界羽毛球联合会，在1957年，第一次参加了第四届“汤姆斯杯”赛。印尼运动员打法独特，拥有灵活的进攻技巧和敏锐快捷的防守技巧，改变了以前羽毛球打法中讲究力量、技巧和球的落点的慢速传统打法，给羽毛球运动带来了清新之气。从此，印尼的运动员开始崭露头角。在1958年，以6：3的成绩击败丹麦，8：1的成绩轻松打败泰国，而且在决赛时，凭借着独特的打法，以6：3的成绩打破了马来西亚连续成为“汤姆斯杯”赛第一、二、三届冠军的局面，并从此开始，获奖不断。到2008年为止所举行的25届比赛中，印尼赢得了其中13届比赛的冠军。这使得印尼的羽毛球运动风气空前高涨，不论男女老少都积极加入运动的行列之中。羽毛球运动在印尼受到了热烈的欢迎，成为印尼的国球。

著名的男子单打选手梁海量，被人们称为“天皇巨星”，因为他的技术新颖而独特，具有良好的场风和全攻的能力，也因此赢得了世界羽毛球界的尊重。自1968年到1976年间，他一共赢得了8次全英羽毛球锦标赛的男子单打冠军，在国际比赛史上几乎没有败绩。

继男子羽毛球队称雄世界羽坛之后，印尼的女子羽毛球运动也开始兴起，在1974年，“尤伯杯”的冠亚军决赛时，成为第七届冠军，打破了日本队连续获得第四、五、六届“尤伯杯”冠军的局面。又在接下来的1994年和1996年，再次夺得“尤伯杯”的冠军。目前，只有印尼的女子羽毛球队能与中国女子羽毛球队相抗衡。

据统计，印尼的羽毛球选手至今总共获得过六枚奥运会的金牌、13次“汤姆斯杯”的冠军、三次“尤伯杯”冠军、一次“苏迪曼杯”冠军和数十次的世界羽毛球单项冠军，为印尼赢得了巨大的荣誉。

❖ 羽毛球奇才朴柱奉的故乡——韩国

在20世纪80年代中期，出现了一个世界级的羽毛球双打奇才——朴柱奉，此后，韩国才在世界羽坛站稳脚跟。朴柱奉曾在1985年和1991年两次获得世界羽毛球锦标赛的男子双打

冠军，在 1992 年与金文秀联手，又取得了巴塞罗那奥运会男子双打金牌。在 1985 年、1989 年、1991 年三次获得世界羽毛球锦标赛的混合双打冠军。所以说，朴柱奉带领韩国走进了羽毛球世界。韩国的羽毛球双打在世界羽坛上自成体系。队员之间配合紧密，且实行连续立体型凶狠凌厉的进攻和快速防守反击，运动快速，在比赛过程中逐渐向网前逼近，给对手压力。

在 1992 年的巴塞罗那奥运会上，韩国获得了男女双打项目的两枚金牌，而在 1996 年亚特兰大奥运会上，继朴柱奉之后又一奇才金东文与吉永雅合作，获得了混合双打的金牌，朴柱奉也带领新手罗景民获得了混合双打的银牌。

❖ 羽毛球运动的佼佼者——丹麦

作为世界羽毛球联合会的创始国之一，羽毛球运动在丹麦非常普及，而且丹麦羽毛球的竞技水平始终排在欧洲各国之前，优秀的运动员不断涌现。20 世纪 60 年代的男子选手柯普斯、70 年代的女子选手科彭、90 年代初的著名男子单打选手摩丹·弗罗斯特，以及当今走红的彼特·盖德、彼特·拉斯姆森等都是丹麦甚至在世界上都有名的优秀运动员。在欧洲，丹麦的单打和双打项目的实力是不容忽视的，在历届世界羽毛球锦标赛上共获得七次冠军。在丹麦的羽毛球运动史上，最使丹麦人骄傲的就是 1996 年的亚特兰大奥运会了，因为丹麦运动员拉尔森取得了羽毛球男子单打的金牌，而这也是欧洲羽毛球运动员在奥运会上取得的唯一一块金牌。

❖ 羽毛球潜力股——中国

中国是一个拥有丰富历史的国家，很早就出现了类似羽毛球的游戏。在我国的《民族体育集锦》中记载，苗族有一种“打手毽”的游戏活动。相传，在远古时代，苗族的祖先在农历正月期间总要宰鸡杀牛，祭祀祖先，辞旧迎新。他们还有一项活动就是用五颜六色的鸡毛做成花毽，小伙子们将漂亮的野雉尾插在芦苇管上，然后成群结队到野外去吹笙、跳舞、打手毽，欢快地度过新年。这种游戏活动在不同的地方有不同的要求，在一些地方，游戏有特定的活动地点，称作“毽塘”。有的村落是一村一塘，有的是数村一塘。在塘上，姑娘先向小伙子抛出手毽，随后小伙子则用手或小木板将花毽击打给姑娘。有的地方在游戏时还要对歌或讲话。

羽毛球运动大约在1918年从外国传入中国，最早出现在上海，随后出现在广州、天津、北京等大城市。在最初传入中国时，知道的人很少，所以参加的人也很少，他们活动的目的就是健身、娱乐与游戏。新中国成立后，国家对健康、健身问题非常关注，所以羽毛球运动逐渐被人们接受并喜爱。20世纪50年代初期，羽毛球运动在各大城市兴起。1953年，在天津举行了全国篮球、排球、网球和羽毛球四种球类的运动会。当时，羽毛球赛有5个队19名选手参加，仅作为表演项目。虽然当时国民的羽毛球技术水平还比较低，但不可否认其为今后羽毛球运动的发展奠定了基础。1954年，一些知识分子留学归来，带回了先进的技术，开始组建第一支国家羽毛球集训队。1956年，中国羽毛球运动协会成立，标志着我国羽毛球运动新纪元的到来，在中国羽毛球协会的组织下，中国举行了第一次全国性的羽毛球比赛，并规定每年都会举行一次。

20世纪60年代初期，第二批留学印度尼西亚的华侨归国，如汤仙虎、侯加昌、陈玉娘等，在中国羽毛球协会的努力培养下，这些羽毛球选手成为我国羽坛的中坚力量。1963年，连获第四届、第五届“汤姆斯杯”冠军的印度尼西亚队来中国进行访问比赛，中国获得了6胜4负的成绩。1964年，印尼对我国进行第二次访问比赛时，我国以4∶1赢得了胜利。同年11月，我国去印尼进行访问比赛时，获得了全胜的优异成绩。虽然没有参加正式的比赛，但中国队那时的力量已不可忽视。

1959年第一届全运会上，确定了羽毛球作为比赛项目。1964年第一次全国羽毛球训练工作会议上，总结了经验，明确了我国羽毛球运动“快、狠、准、活”的特点和“以我为主、以快为主、以攻为主”的方针。

1979年在香港举行的印尼与中国男、女羽毛球对抗赛上，我国以韩健、栾劲、孙志安、姚喜明、刘霞、韩爱平、张爱玲为代表的羽毛球新秀向世界老牌冠军林水镜、纪明发、张鑫源等发起挑战。中国男女队分别以6:3和5:0获胜。1981年7月，在美国洛杉矶举行的第一届世界运动会上，我国运动员陈昌杰、孙志安、姚喜明、刘霞和张爱玲获得了男女单、双打的四项冠军。进而，在1982年我国第一次参加全英锦标赛，张爱玲夺得了女子单打冠军，徐蓉、吴健秋夺得了女子双打冠军，栾劲勇夺男子单打冠军。最值得高兴的是，1982年我国男队第一次参加第十二届“汤姆斯杯”比赛便赢得了冠军。1984年，在马来西亚的吉隆坡，我国羽毛球女队又取得了第十届“尤伯杯”的冠军。

在这之后，中国羽坛涌现出了更多优秀的羽毛球运动员，如杨阳、赵剑华、熊国宝、李永波、田秉毅、林瑛、吴迪西、李玲蔚、韩爱平等，在一系列的世界大赛中，为中国取得了一次又一次的优异成绩，使得中国的羽毛球运动屹立于世界羽坛。中国男子羽毛球队在1986年、1988年、1990年连续三次捧回了“汤姆斯杯”。女子羽毛球队在1984年取得了“尤伯杯”的冠军，并在随后的数年里，连续蝉联五届“尤伯杯”赛的冠军。

20世纪80年代至90年代，我国运动员分别参加了世界羽毛球锦标赛、世界杯赛和全英羽毛球锦标赛等一系列大奖赛，共获得了70多项单打冠军。1987年在北京举行的世界羽毛球锦标赛和1988年在曼谷举行的世界杯赛上，中国男、女羽毛球队囊括了全部冠军。

在1996年的第26届亚特兰大奥运会上，葛菲、顾俊勇夺女双冠军，打破了我国羽毛球项目在奥运会上金牌为零的纪录，此时又涌现出了一批新的优秀运动员，如吉新鹏、张军、夏煊泽、龚智超、叶钊颖、葛菲、顾俊、杨维、黄楠雁、高崚、张宁等。

我国的辉煌一直在延续，在2000年第27届悉尼奥运会上，中国队取得了很好的成绩，夺得了男单、女单、女双、混双金牌，又在2004年第28届雅典奥运会上再创辉煌，夺得了女单、女双、混双的金牌。